SANDRO BOTTICELLI

BOTTICELLI

GIULIO CARLO ARGAN

SKIRA

Traduit de l'italien par Rosabianca Skira-Venturi.

Sur la couverture:
Scènes de la vie de Moïse, détail – fresque – 1481.
Vatican, chapelle Sixtine.

Le texte de cet ouvrage a été publiée en 1957.

ISBN 2-605-00137-7

TABLE DES MATIÈRES

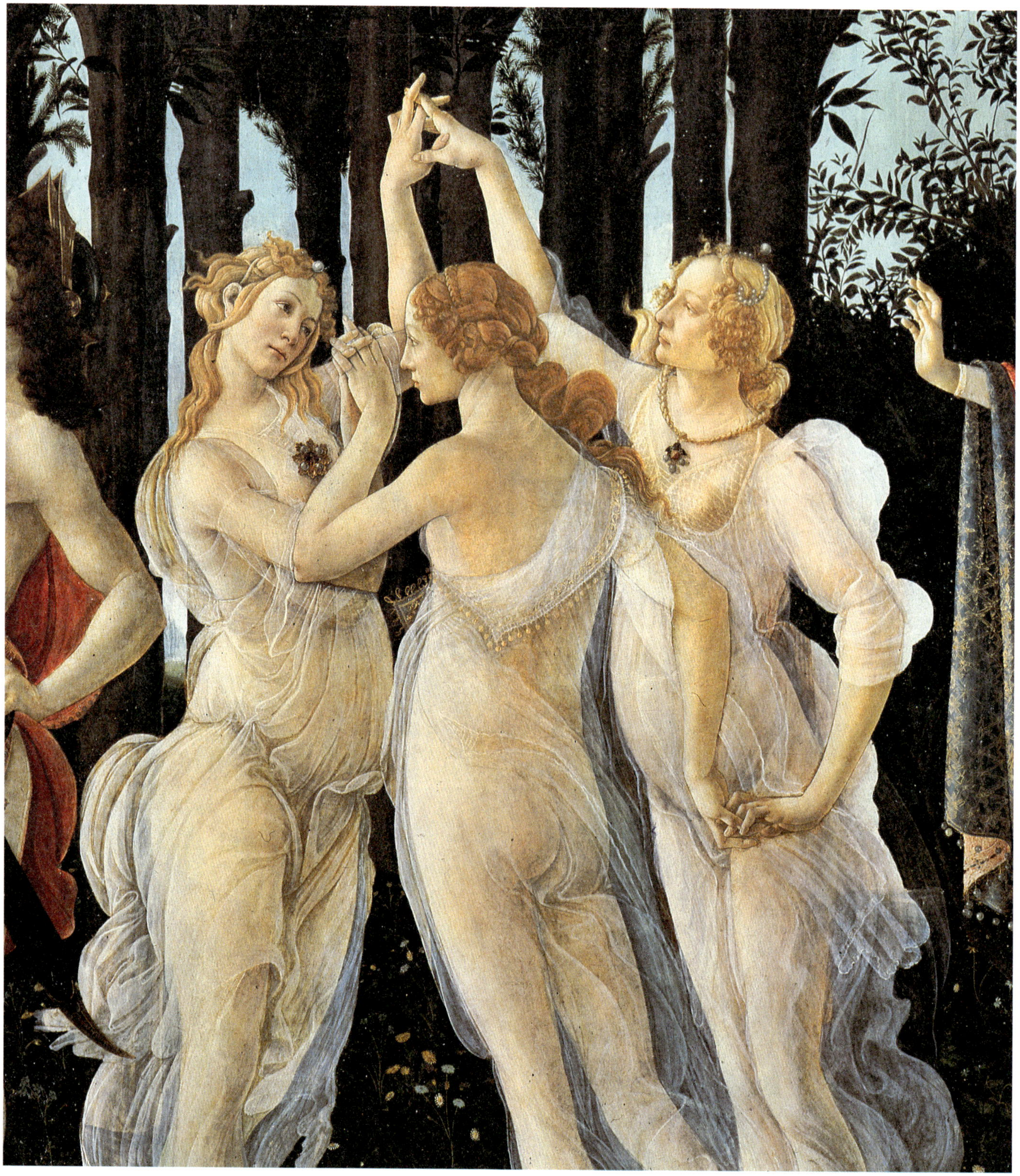

Le Printemps: Les trois Grâces – vers 1478.

DONNÉES BIOGRAPHIQUES

La date de naissance de Sandro Botticelli peut se déduire d'un document de 1447, où le père de l'artiste, Mariano di Vanni Filipepi, déclare que son fils Sandro est âgé de deux ans; en 1458, dans un registre du cadastre, le père de Botticelli dit encore que celui-ci a treize ans et, ajoute-t-il, «il apprend à lire (à l'école) et il est maladif» *(sta allegere ed è malsano)*. En 1470, Botticelli devait déjà être considéré comme un peintre assez important puisque lui est allouée la commande de *La Force*, une des figures faisant partie des *Vertus* ornant les sièges du Tribunal de la Mercatanzia. En 1472, il était inscrit à la Confrérie de Saint-Luc et avait auprès de lui Filippino Lippi. En 1473, selon une notice de l'Anonimo Gaddiano, nous savons qu'il peignit un *Saint Sébastien* pour l'église de Sainte-Marie-Majeure. A partir de cette date, les renseignements se font plus fréquents. Entre 1474 et 1475, il est en pourparlers pour des peintures à exécuter au Camposanto de Pise. En 1478, il exécute les portraits des protagonistes de la conjuration des Pazzi. En 1480, il peint *Saint Augustin* dans l'église d'Ognissanti. Relevons une note – qui semble assez étrange – du père de l'artiste, figurant dans un autre registre du cadastre, selon laquelle Botticelli n'aurait pas eu à ce moment de *bottega* et aurait travaillé *«in casa quan'e vole»* (à la maison et quand il veut). En 1481 paraît le *Commentaire de Christophoro Landino, Florentin, à la Commedia de Dante Alighieri*, avec des estampes illustrant *L'Enfer*, tirées des dessins de Botticelli. Au mois de septembre de la même année, celui-ci est appelé à Rome par le pape Sixte IV pour peindre avec Cosimo

Rosselli, Ghirlandaio et le Pérugin à la chapelle Sixtine.

De retour à Florence, Botticelli est chargé d'exécuter des peintures dans la salle d'audience du Palais de la Seigneurie; il peint à Spedaletto près de Volterra, donne des dessins pour des coffres de mariage illustrant des scènes de la nouvelle de Boccace, *Nastagio degli Onesti*. En 1486, il exécute les fresques pour la villa Lemmi, conservées aujourd'hui au Louvre, et, en 1488, le grand retable du *Couronnement* pour Saint-Marc et le tableau de l'*Annonciation* pour Sainte-Marie-Madeleine des Pazzi.

Parmi les différentes dates connues, dont la plupart se réfèrent à des travaux perdus ou non exécutés, il faut mentionner 1496, année où Michel-Ange envoya de Rome une lettre à Botticelli pour que celui-ci la remette à Lorenzo di Pierfrancesco de' Medici. On en déduit d'une part que les deux artistes se connaissaient et, d'autre part, que Botticelli, malgré les difficultés politiques du moment, était toujours un des familiers des Médicis.

L'hypothèse faisant de l'artiste un des partisans de Savonarole, un *piagnone*, ne repose pas sur des témoignages certains et n'est pas suffisamment prouvée non plus par une tradition orale selon laquelle Botticelli, dans un colloque avec Doffo Spini, demanda pourquoi Savonarole, bien qu'il n'eût pas été reconnu coupable, fut condamné à mort. Il est néanmoins certain que les prédications de Savonarole eurent une influence profonde sur ses sentiments religieux et sur ses œuvres tardives. Au reste, un témoignage de l'intérêt passionné que le peintre porta aux multiples vicissitudes politiques et religieuses de Florence nous est donné par quelques-unes de ses œuvres: la *Crucifixion* Fogg, par exemple, où l'on voit les diables chassés de la ville, la *Nativité* de Londres, qui comporte une inscription en lettres grecques, curieuse et significative.

Quant à l'accusation d'hérésie qu'insinue, d'une façon voilée, Vasari, elle est certes dénuée de tout fondement. En effet, l'*Assomption de la Vierge* commandée par Matteo Palmieri, et où l'on vit certaine influence des théories hérétiques de ce dernier, n'est pas de la main de Botticelli, mais est l'œuvre de Botticini. Botticelli mourut à Florence et fut enseveli à l'église d'Ognissanti le 17 mai 1510.

Vasari rapporte que Botticelli avait un caractère «plaisant et facétieux» mais aussi «étrange»; il ajoute qu'avec les années, le peintre se mit «à vivre au hasard»; que s'étant fait *piagnone*, il délaissa le travail, de sorte qu'à la fin de sa vie, il se trouva vieux et pauvre, mourant presque de faim. Mais lorsque Vasari parle de «décrépitude», il faut voir là moins un renseignement biographique qu'un jugement critique. Le développement de l'art de Botticelli devait forcément paraître pour un critique classiciste comme Vasari un recul déplorable, ne pouvant se justifier que par la décadence précoce des facultés créatrices de l'artiste. N'osant pas dire ouvertement ce qu'il pensait, c'est-à-dire que la piété des œuvres tardives nuisait à leur valeur artistique, Vasari altère la biographie du peintre, ainsi qu'il l'avait déjà fait pour Angelico. Dans son esprit, parce qu'Angelico chercha à donner à ses pensées religieuses la forme des choses naturelles, il fut un saint et sa vie une continuelle aspiration à la perfection. Tandis que Botticelli, ayant renoncé à la beauté naturelle pour exprimer le drame intérieur de son propre sentiment religieux, est «étrange et paresseux». Cette ombre, qui tomba si vite sur l'art de Botticelli, peut toutefois s'expliquer. Dès Léonard, Raphaël et Michel-Ange, les problèmes de la nature, du classicisme historique et idéologique, se posent en des termes tout à fait nouveaux et fort éloignés de la dialectique formelle, merveilleuse mais limitée, de Botticelli.

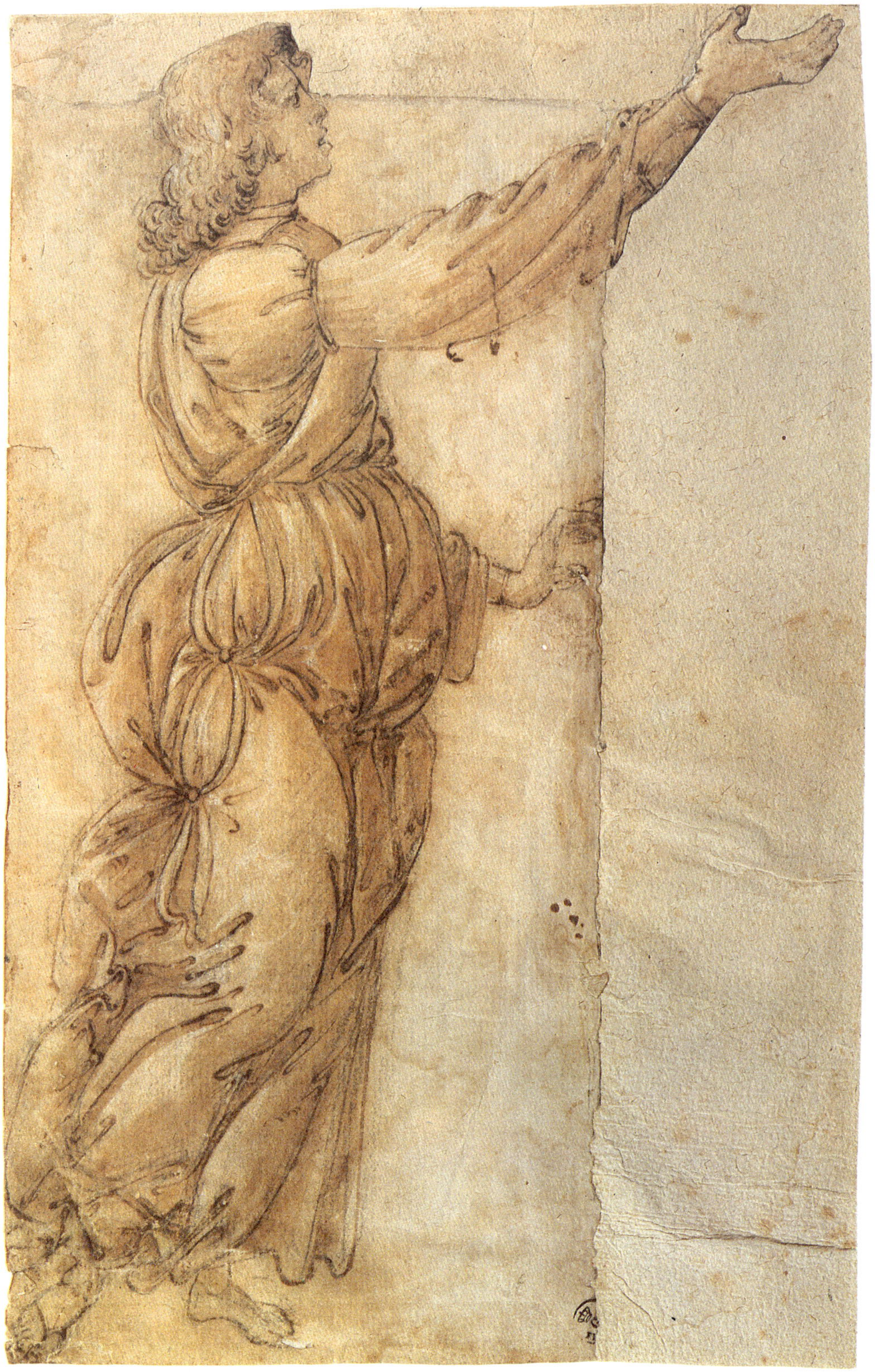

Ange, plume et aquarelle – vers 1490.

LA POÉTIQUE DE BOTTICELLI

BOTTICELLI est de sept ans à peine l'aîné de Léonard; pourtant – et non sans raison – on le considère toujours comme un peintre du XVe siècle, tandis que Léonard est pour tous un artiste du XVIe. Léonard est le premier à concevoir l'art comme une recherche, ce qui le situe à l'origine de l'art moderne; son idéal artistique, à travers Raphaël et Corrège, aboutit au Caravage, qui le transpose sur un plan essentiellement moral, opposant ainsi une éthique active à celle, contemplative, de Michel-Ange.

Certes, l'idéal esthétique de Botticelli s'enrichit d'un profond apport moral dans l'art de Michel-Ange, mais il ne faut pas oublier que cette éthique contemplative aboutira en peu d'années au formalisme des maniéristes. Elle ne sera reprise que bien plus tard, par les premiers romantiques et leur idéal du Sublime. Et encore, il ne s'agira que du mélancolique écho d'un idéal désormais lointain, ou du désir de donner au sentiment nostalgique de l'inactuel le visage solennel de l'Eternité.

Cependant, la construction esthétique de Léonard qui tendait au renouvellement de toutes les valeurs a sa contrepartie dans une profonde crise des valeurs traditionnelles; cette crise se concrétise dans l'art de Botticelli, contemporain de Léonard et sortant comme lui de l'atelier de Verrocchio, c'est-à-dire du milieu artistique le plus riche en ferments pendant la seconde moitié du siècle.

L'antithèse qui se marque entre Botticelli et Léonard et qui annonce le contraste futur entre Léonard et Michel-Ange fait nettement ressortir l'impossibilité de concilier désormais le caractère métaphysique et le caractère historique de l'art. On ne pouvait donc plus accepter ni essayer de développer cette unité systématique entre art et connaissance qui avait été affirmée par les premiers grands artistes de la Renaissance et qui avait trouvé son apogée dans la philosophie formelle de Piero della Francesca. Cette thèse syncrétiste se développera – sur le plan politique et religieux – dans le programme humaniste formulé par l'Eglise après la solution des schismes. Selon ce programme, la foi religieuse trouvait sa justification historique dans la conception de l'Antiquité considérée comme une parfaite philosophie de la nature ou, mieux encore, comme une préparation providentielle à la Révélation imminente. Mais une synthèse si grandiose entre histoire, nature et foi, qui sera la base idéologique du classicisme de Raphaël, supposait des vues politiques fort différentes de celles qu'on pouvait avoir à Florence au temps de Laurent de Médicis. On peut sans doute interpréter le drame de Michel-Ange, qui aura tant de résonance au début du XVIe siècle, à la lumière du contraste idéologique de Rome et de Florence. Mais les premiers indices de ce contraste se trouvent déjà dans l'expérience romaine de Botticelli – si brève et sans lendemain – et dans l'indéniable échec, à peine dix ans plus tard, de Léonard auprès de la Curie romaine.

Botticelli s'était rendu à Rome avec un idéal religieux et politique très clair, qui transparaît nettement dans son œuvre à la chapelle Sixtine, mais qui ne pouvait avoir une répercussion profonde sur l'idéal artistique et religieux de la Curie. Dès lors, sa peinture se développe dans une continuelle interférence des problèmes religieux et politique, qu'on retrouve avec la même acuité dans les prédications de Savonarole, auxquelles Botticelli ne fut certainement pas insensible.

Léonard de son côté travailla la plupart du temps hors de Florence et de Rome et sous des cieux où la politique n'impliquait guère de graves problèmes spirituels. Ainsi, non seulement il ne ressent pas le conflit entre foi et politique mais, envers l'une et l'autre, il adopte un scepticisme toujours plus affirmé et pose le principe de l'autonomie absolue de l'art et de la science à l'égard de la religion et de la politique.

Ce qu'on rejette – et dont se détachent Botticelli comme Léonard –, ce n'est pas le caractère religieux et métaphysique ni le caractère politique et historique de l'art, c'est précisément l'union de ces deux éléments dans un seul système. Il est notoire que Léonard fut le premier à séparer nettement l'art de l'idéal classique et à ne plus accepter l'imitation de l'Antiquité comme indispensable à la formation de l'artiste. Et quand Caravage, à la fin du XVIe siècle, déclare en termes presque brutaux son dédain pour l'Antiquité, il ne fera qu'accentuer sur le plan moral l'indifférence de Léonard. Ce que celui-ci refuse à l'Antiquité, ce n'est pas sa valeur artistique en soi, mais sa valeur en tant que modèle ou principe artistique absolu. L'actualité de l'art, qu'il recherche dans l'expression immédiate des sentiments, a, elle aussi, une valeur historique, mais elle se fonde sur la critique et non sur l'acceptation des valeurs, sur un intérêt passionné du présent et non pas seulement sur la vénération du passé. Il s'agit donc d'un point de vue de l'histoire critique et laïc, qui s'oppose à celui, religieux, des premiers humanistes. L'Antiquité peut ainsi être l'objet d'un jugement, admiratif si l'on veut, mais qui, par le fait même qu'il s'agit d'un jugement, ôte à l'Antiquité toute sa force comme principe d'autorité. Pour Botticelli, l'Antiquité acquiert une valeur purement idéale, c'est un but de perfection jamais retrouvé et qui ne le sera jamais plus, la terre lointaine des repentirs et des désirs. Ainsi considérée, elle n'a plus rien à enseigner, elle ne peut ni servir d'exemple ni exercer d'influence sur le présent. Elle n'est plus «histoire», c'est-à-dire un domaine ouvert à l'expérience; elle se situe au-delà de l'expérience et ne peut plus s'identifier aux monuments conservés ni aux textes retrouvés. Elle devient donc une sorte de métaphysique, de religion laïque, de mythe. On découvre alors avec une surprise pleine d'admiration que dans les dogmes et l'histoire du christianisme se perpétuent les mythes classiques, que dans le Christ revivent Apollon et Orphée et dans la Vierge, Diane, Minerve, et – pourquoi pas? – Vénus. Ainsi on se soustrait à l'emprise de l'histoire et à celle de la foi et on se libère du poids moral de devoir distinguer le vrai du faux.

Jamais peut-être autant qu'en ces dernières années du XVe siècle on n'a parlé d'histoire, recherché et discuté les témoignages de l'Antiquité. Mais pour Politien ou Ficin, comme pour Botticelli, l'histoire n'est qu'une préfiguration des faits et des personnes de leur temps: elle est un archétype qui s'incarne dans le présent, un ensemble de symboles. Elle devient donc une philosophie, mais une philosophie sans système, construite seulement sur des concepts abstraits. Sur le plan religieux, la thèse néo-platonicienne concevait un christianisme éternel existant avant même le christianisme historique. Le fait que l'histoire se répète dans le présent montre bien qu'il ne s'agit plus d'une perspective et qu'il n'y a plus un lien de causalité entre hier et aujourd'hui. Laurent le Magnifique ne se serait pas écrié: *«di doman non è certezza»* (il n'y a pas de certitude du lendemain) s'il avait encore cru que l'histoire était un moyen de préparer et de garantir le futur en méditant l'expérience du passé, et que la mort pouvait être vaincue par la mémoire et l'exemple des grandes actions accomplies. Au contraire, le véritable vainqueur, c'est la mort: *«solo sta ferma e sempre dura Morte»*; la mort (et non pas l'histoire, c'est-à-dire la vie) est «maîtresse de tout». Les actions humaines, dont la cause n'est pas dans le passé ni les effets dans le futur, n'ont donc pas de valeur historique, elles ne laissent aucune trace dans le temps qui les noie sans cesse dans sa fuite perpétuelle.

S'agit-il d'une philosophie facile et sceptique? C'est en vérité moins une philosophie qu'une réaction aux événements contraires qui écartèrent peu à peu Florence du centre de l'action politique. Même la politique de Laurent de Médicis reflète cette crise qui bouleversa la valeur de l'histoire et celle de l'action. Laurent fut un politicien plus habile que grand; il fit preuve dans son gouvernement d'une technique avertie, il fut un diplomate d'une rare finesse, sachant voir avec acuité et, en des circonstances particulièrement difficiles, montrant un savoir-faire et une audace que l'on pourrait appeler «élégance». Mais ce n'est plus l'impulsion morale qui dicte son action; celle-ci vaut plutôt par la perfection avec laquelle elle s'accomplit, par une certaine beauté abstraite qu'elle acquiert. C'est du reste l'époque des actions factices, sophistiquées, artificieuses, l'époque où l'audace et la prestance se mesurent dans les tournois plus que sur les champs de bataille, où les vertus sociales sont jugées davantage à l'éclat des fêtes qu'à la bonne gestion de la famille ou de la ville. Peut-on dès lors s'étonner que Laurent, si amoureux de la gloire, fût si peu sûr de la trouver dans son œuvre de politicien qu'il la chercha plutôt dans le champ littéraire et dans le mécénat artistique? L'art seul, n'étant pas action et situé en quelque sorte hors du temps, pouvait donner gloire et immortalité.

Le même thème se retrouve chez Botticelli, comme chez tous les lettrés et les artistes de la cour des Médicis. L'art est à l'opposé de l'action, c'est le monde de l'éternité face au monde des contingences, l'infini du non-temps et du non-espace face aux limites du temps et de l'espace. De sorte que la crise n'atteint pas seulement le concept d'histoire et d'action, mais celui aussi de nature – qui est temps et espace. Les grands hommes du commencement de la Renaissance avaient cherché à en définir les lois et à l'enfermer dans un système logique: l'histoire était pour eux la construction logique du temps, et la perspective, celle de l'espace. Mais quelle signification peut avoir la nature si on ne peut plus la concevoir comme le produit de l'action initiale, celle accomplie par le Créateur? Si la réalité n'est plus que mouvement et changement perpétuels? Si Dieu lui-même est lointain et inaccessible, pur esprit dont l'essence infinie ne trouve même plus de limites dans le cadre de sa propre création? Les grands systèmes de la connaissance avaient désormais perdu leur vigueur. Mais alors que, partant de cette constatation, Léonard pose le problème de la connaissance fondée sur

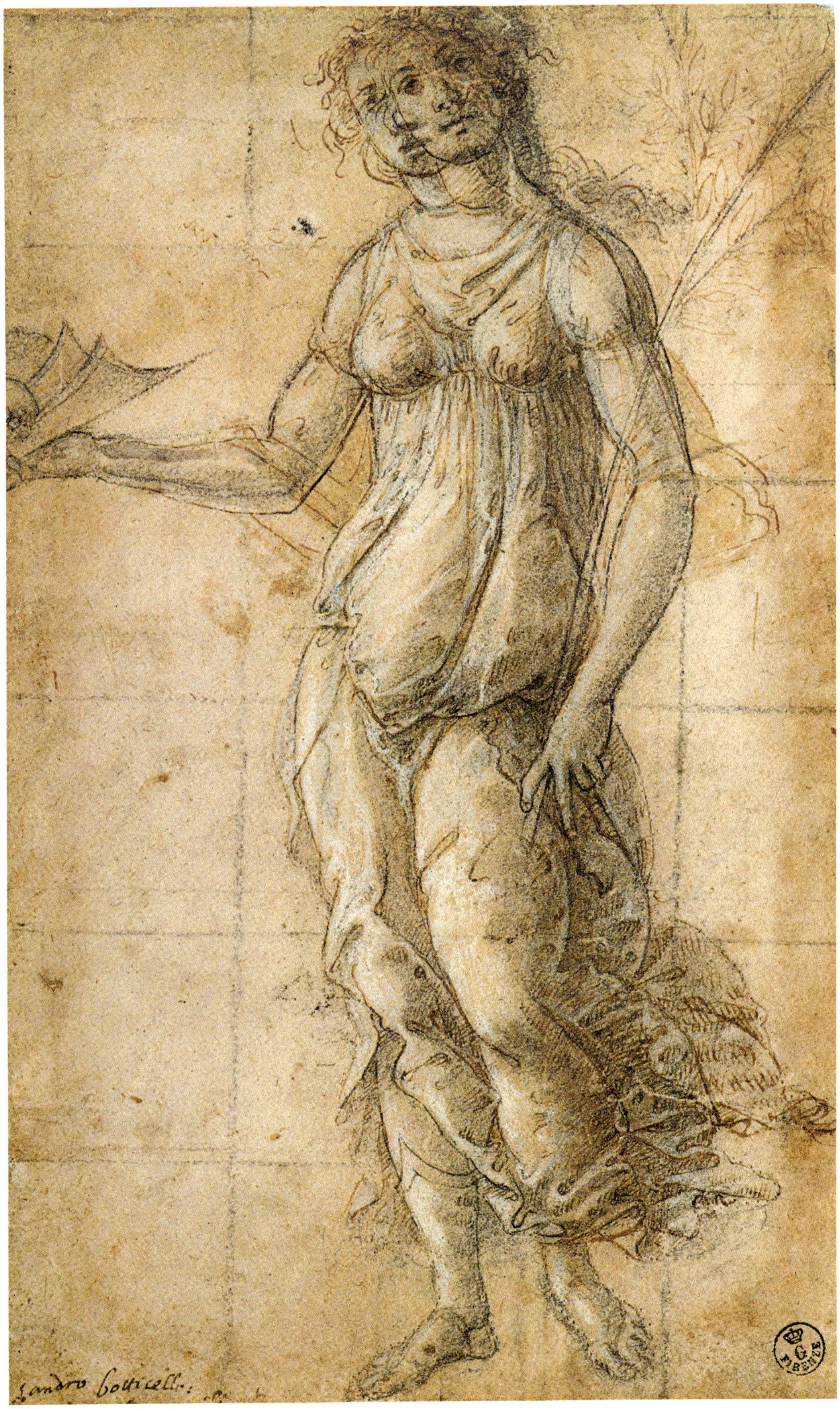

Minerve (étude), pierre noire, plume et encre brune – après 1490.

l'expérience et la méthode et non plus sur un système, Botticelli au contraire conclut que la connaissance est inutile et impossible. L'art s'en dispense, comme aussi de l'action. Il est la valeur qui apparaît lorsque connaître et agir perdent leur signification.

Certes, on exalte la nature parce qu'elle attire par la variété chatoyante des formes et des couleurs. Mais l'image de la vie n'est pas la vie. La nature nous réjouit, mais elle ne peut pas apprendre à vivre. Ses apparences lumineuses ne sont que le voile multicolore qui cache le gouffre du néant; changeant sans cesse, elle ne peut être ni fixée, ni étudiée, ni connue. Il en va pour la nature comme pour les actions morales et l'histoire: les grandes figures de l'Antiquité se transforment en symboles, les vertus prennent une forme allégorique et à leur tour les aspects de la nature perdent toute vérité et deviennent images, allusions valables seulement par leur beauté. On pourrait faire les mêmes remarques à l'égard de la pensée philosophique. Marsile Ficin et Pic de la Mirandole se voulaient philosophes, cherchant à rivaliser avec la gloire de Platon et d'Aristote. Mais en vérité ils ne l'étaient pas. Si l'on rompt leur «fragile écorce conceptuelle», leurs pensées s'évadent vers un idéal abstrait fait «de poésie, d'amour et de beauté» (E. Garin). Les concepts se transforment en idéal religieux, mais la religion elle-même devient mythe, magie, astrologie. L'argumentation suit une technique parfaite, sans que la pensée parvienne à définir une conception du monde. La facilité avec laquelle naissent les concepts prouve qu'on ne croit plus à leur valeur et qu'on cherche seulement la cohérence, la perfection, une beauté de la pensée qui serait le reflet de l'âme.

La peinture de Botticelli, à son tour, marque la crise des grands systèmes d'ordre figuratif qui avaient été élaborés dans la première moitié du XVe siècle. C'est la crise de la conception de l'espace et de la perspective; celle de la forme en tant que connaissance ou représentation de la nature; la crise de l'*historia* considérée comme une figuration dramatique des actions humaines, celle du caractère moral et religieux de l'art; la crise enfin de la fonction sociale de l'artiste comme représentant d'un artisanat supérieur et celle de la capacité productive d'une communauté. L'art aussi tend vers le beau, comme la pensée philosophique, l'étude de l'Antiquité et l'action humaine; mieux encore, l'art est le processus spécifique pour rechercher cette beauté, de sorte que le travail de l'artiste est davantage un exemple que l'œuvre elle-même.

Mais quelle est alors la signification du «beau»? Le beau est en somme ce qui reste de l'action après que celle-ci est dégagée de son but moral, ce qui reste de la philosophie après qu'on a renoncé à l'édification de grands systèmes, ce qui reste de l'histoire quand elle perd toute valeur d'exemple, enfin ce qui reste de l'art lorsqu'on ne croit plus à son caractère moral ou à son pouvoir de connaissance. Il s'agit donc d'une valeur négative, celle de l'apparence, à laquelle ne correspond plus ni substance ni contenu: c'est, dans son sens propre, la «vanité». N'oublions pas que si ce terme définit d'abord l'épicurisme cultivé de la cour des Médicis, il acquiert ensuite, dans la bouche de Savonarole, une force terrible. Il dénoncera le vice, le vide intérieur, le destin imminent qui vouait cette même société à une chute certaine.

Pour la première fois, un peintre de la Renaissance tend vers le «beau» comme au but suprême (nous disons bien «peintre» parce qu'il y eut un artiste, Agostino di Duccio, qui avait déjà ressenti, moins clairement il est vrai, une exigence semblable). Il est indéniable que Botticelli, voyant ainsi dans l'art la réalisation ou le «moment pratique» d'un idéal esthétique, soit en quelque sorte revenu à certaines données médiévales du gothique tardif: mais son idéal de *pulchritudo* ne se relie plus aux thèses thomistes de la beauté et de l'harmonie de la Création, comprises comme les signes sensibles de la perfection du Créateur. Ainsi on pourrait dire que la peinture de Botticelli, tout en étant profondément pénétrée d'une aspiration religieuse, n'acquiert en fait qu'un caractère religieux indéterminé, «laïc». Masaccio, Brunelleschi, Donatello avaient réagi contre le Moyen Age qui identifiait l'art à la beauté et lui avaient substitué l'identité art-vérité. Alberti avait affirmé que le domaine du peintre coïncide avec le domaine du visible. Identifiant l'art à la vérité, on aboutissait fatalement à l'identité art-forme, puisque la forme est toujours celle de la réalité; elle est toujours quelque chose de visible, que la vue peut capter entièrement sans implications ou doubles sens. Ainsi la perspective – qui est la forme de l'espace, donc celle, suprême, de la nature – est la forme par excellence, la forme *a priori* d'où découlent toutes les autres sortes de formes. Si bien que Piero della Francesca, tout en voulant réduire toutes les formes à la commune mesure de la valeur géométrique, voulait toutefois que la forme soit aussi couleur, qu'elle soit donc entièrement livrée à notre regard.

Pourrait-on en dire autant pour Botticelli? Sa peinture est essentiellement faite de rythmes linéaires, que notre œil perçoit clairement. Mais notre vue n'a ici qu'un rôle intermédiaire: elle permet à ces rythmes de se transmettre à tout notre être dont ils exigent une réponse totale. Ils créent dans le tableau un mouvement intérieur, une sorte de perpétuel contrepoint qui garde l'image de la stabilité et de la certitude de la forme: les arrêts brusques, les empâtements, les retours de la ligne les empêchent de devenir constants et continus, et à leur tour, forme.

La crise de la forme implique celle des contenus, ou mieux, c'est le contenu même qui, par son caractère allégorique élaboré, acquiert une valeur de beauté, une sorte de forme cachée ou secrète qui va se révéler dans l'image. De toute manière, le sujet «beau» possède, en puissance, son développement stylistique. Il y a donc un processus ininterrompu, allant du caractère poétique du thème jusqu'à celui de l'image; cela exclut la possibilité d'un moment d'objectivation de la part du peintre, c'est-à-dire d'un moment où il aurait pu imiter ou contempler la nature ou un modèle historique. Le «beau» dans l'art de Botticelli ne peut donc en aucun cas s'identifier au «beau» naturel ou à celui des classiques.

Les poètes contemporains font un large usage du vocable «beau»: la belle femme, le beau visage, la belle main, et ainsi de suite. Evidemment, cet adjectif résume certaines qualités; suivant le contexte du poème, on comprend par exemple qu'un visage beau est rose ou arrondi, qu'une main belle est blanche et effilée. Ce qui importe pourtant, c'est de constater que ces qualités sont évoquées sans être spécifiquement désignées. En somme, en disant qu'une chose est belle on veut dire qu'elle n'est pas quelconque mais qu'elle occupe, parmi toutes les autres, une place particulière tendant à la perfection, à l'idéal: que ce soit une femme, un visage, une main. Chez Botticelli, il n'y a jamais, comme parfois dans la peinture de Masaccio ou de Paolo Uccello, de ces visages ou de ces mains déformés par la perspective au point d'être difficilement reconnaissables, réduits à de simples éléments de la plastique et de l'espace. Chez lui, au contraire, l'image picturale dépasse la notion de l'objet parce qu'elle est plus «belle». L'objet n'est jamais détruit ou décomposé parce que, en tant qu'objet, il n'est pas un problème: il subit seulement un processus d'idéalisation et d'élection. Mais il est évident aussi que ce «beau» n'est pas une qualité inhérente à l'objet, elle lui est conférée comme l'amant l'attribue à l'objet aimé. En ce sens, on se rattache ici à la théorie néoplatonicienne de l'amour qui, tard dans le XVe siècle, reprend à son tour plus d'un élément du *dolce stil novo* et de Pétrarque. Le thème d'«amour» présupposant dans celui qui aime une capacité d'aimer, ce qui est un signe de noblesse et d'élection intérieure, appelle nécessairement un langage d'initiés compréhensible seulement par ceux qui aiment.

Essayons maintenant de préciser de quelle manière et jusqu'à quel point la peinture de Botticelli incarne l'idéal poétique propre à l'élite intellectuelle de la cour des Médicis. Le processus artistique de Botticelli, avons-nous dit, n'aboutit pas à la transposition mais à la transfiguration ou à la sublimation de l'objet. Celui-ci, par le fait même qu'il est objet, reste un élément qu'on ne peut éliminer de l'œuvre d'art. Ainsi l'ensemble de l'œuvre du peintre offre un très large répertoire d'«objets». Mais d'où a-t-il tiré tout ce matériel de personnes et de choses? Certainement pas de l'observation directe du réel. Cette manière de détacher et de mettre en valeur un élément donné, qui peut paraître naturelle chez un peintre de nos jours, ne l'était nullement pour un artiste du XVe siècle; d'autant plus que la peinture du Quattrocento possédait déjà un processus bien à elle pour réaliser «objectivement» un élément donné: la perspective. Celle-ci engendre la forme et c'est là justement la valeur dont Botticelli reconnaît la déficience. Il ne faut pas oublier que le plus grand théoricien de la forme, Piero della Francesca, vécut jusqu'aux dernières années du siècle et que Paolo Uccello peignit le *Miracle de l'hostie* – son œuvre la plus rigoureuse dans la construction perspective, où chaque objet est véritablement réduit à un simple terme de définition de l'espace – au moment même où Botticelli accomplissait sa formation artistique. Et pourtant sa peinture n'accepte pas la perspective comme la loi de la composition. Il ne l'ignore pas, bien sûr, et il évite d'en transgresser les règles; mais elle n'est pas pour lui l'élément fondamental de la construction de sa vision. Que l'on regarde par exemple une œuvre de la pleine maturité de l'artiste, la *Derelitta*. La perspective du couloir et des marches est parfaite, mais elle ne constitue pas un milieu ambiant pour l'image humaine. Au contraire, elle isole cette dernière, elle semble l'exclure. Ce que le peintre veut représenter, c'est la puissance impénétrable du mur, l'inutilité de cet espace creux, fermé par une grande porte, la solitude de la figure. Ce tableau eut maintes interprétations. Une des plus plausibles (R. Piccoli) y voit l'illustration de la *Veritas derelicta* ou de la *Virtus* se détachant de la *Sapientia*: ce qui par extension signifie la rupture entre la nature et l'homme, celui-ci se trouvant exclu, déraciné de l'espace, seul avec sa propre angoisse. Quoi qu'il en soit, la figure ou l'objet chez Botticelli émergent toujours d'un éloignement ou d'une raréfaction de l'espace, d'une lente disparition de la réalité sous l'image «artificieuse» qui leur est substituée. Les vagues, la rive, s'effacent dans la *Naissance de Vénus* et la figure apparaît vraiment nue ou seule, d'autant plus nue et seule que sa beauté, de toute évidence, n'est pas celle des choses de la nature.

Pourtant, cette manière de susciter l'objet en le mettant en contradiction avec l'espace ne suffit pas à expliquer le sens nouveau et ambigu qu'il acquiert. Un processus semblable, foncièrement antiperspectif, n'apparaîtra clairement que plus tard, dans la peinture de Dürer. Alors aussi, il se justifiera par la pensée néo-platonicienne, si bien qu'on peut découvrir un lien indirect, quoique indiscutable, entre la *Derelitta* et la *Mélancolie I*. Mais, à l'encontre de Dürer, Botticelli ne pouvait concevoir la contradiction irréductible qui oppose la totalité et l'unité de l'espace à la singularité de l'objet. Le fait que la perspective devient, elle aussi, chez Botticelli, belle et inutile, survivance picturale d'un espace aboli, démontre que l'espace à son tour devient objet, ne conservant qu'une valeur apparente: c'est le symbole du réel et non sa représentation positive.

Il faut aussi se rappeler qu'à partir du milieu du siècle, les tableaux flamands affluèrent toujours plus à Florence. Leur qualité étant hors de question, le problème se posait de savoir si la perspective était vraiment le procédé unique pour construire et susciter objectivement la donnée visuelle. Comment, en effet, pouvait-on ne pas voir que la construction visuelle des Flamands, bien qu'indépendante de toute règle de construction perspective, permettait tout aussi bien, et sinon mieux, une juste appréciation des qualités de l'objet? Il est facile de constater, et de nombreux exemples dans son œuvre en font foi, que Botticelli fut l'un des premiers à s'apercevoir de la contradiction entre la vision perspective toscane et celle antiperspective des Flamands. Il sentit que cette contradiction dépassait le domaine purement optique et qu'elle impliquait en fait l'antithèse entre «peinture d'objet» et «peinture d'idées». S'il avait pris le problème «espace-objet» sur la base d'une exigence de connaissance, il aurait trouvé une solution dialectique qui aurait nécessairement engendré une nouvelle vision de l'espace: cette solution sera celle de Léonard. Botticelli, pour sa part, préfère raisonner en termes abstraits: l'espace n'a pas de substance, il est pure image ou symbole, mais il en va de même de l'objet. De sorte que si, entre espace et objet, il n'existe pas de lien logique, il n'y a pas non plus de contradiction logique. Ni l'espace ni l'objet ne possèdent une véritable substance, ni une réalité certaine: ce ne sont qu'images, noms, paroles. Mais si la vision et la forme sont une sorte d'équivalent visuel de la parole, voilà que la peinture n'est plus une manière de connaissance mais elle est, même dans sa structure, tout à fait semblable à la «poésie».

Le nom est la manière la plus faible et inconsistante de rendre l'aspect d'un objet, celle aussi qui fait complètement abstraction de l'espace et du temps. Après avoir essayé de dégager le caractère non spatial de la peinture de Botticelli, nous voudrions montrer qu'il serait faux aussi d'interpréter son rythme linéaire, le caractère principal de son art, comme une pure expression de l'élément «temps» opposé au caractère spatial de la proportion de Piero della Francesca. La culture de la Renaissance, si complexe et surtout si fortement centrée sur la pensée de l'histoire, devait nécessairement ressentir le besoin de fixer la valeur *temps* avec la même précision qu'elle avait su définir, grâce à la perspective, celle d'*espace*. Ce problème fut en effet posé, mais non par Botticelli: c'est Mantegna qui opposa au dessin fondé sur l'idée platonicienne – le concept toscan – la conception du dessin fondé sur le *logos* aristotélicien (il substitue ainsi à la notion

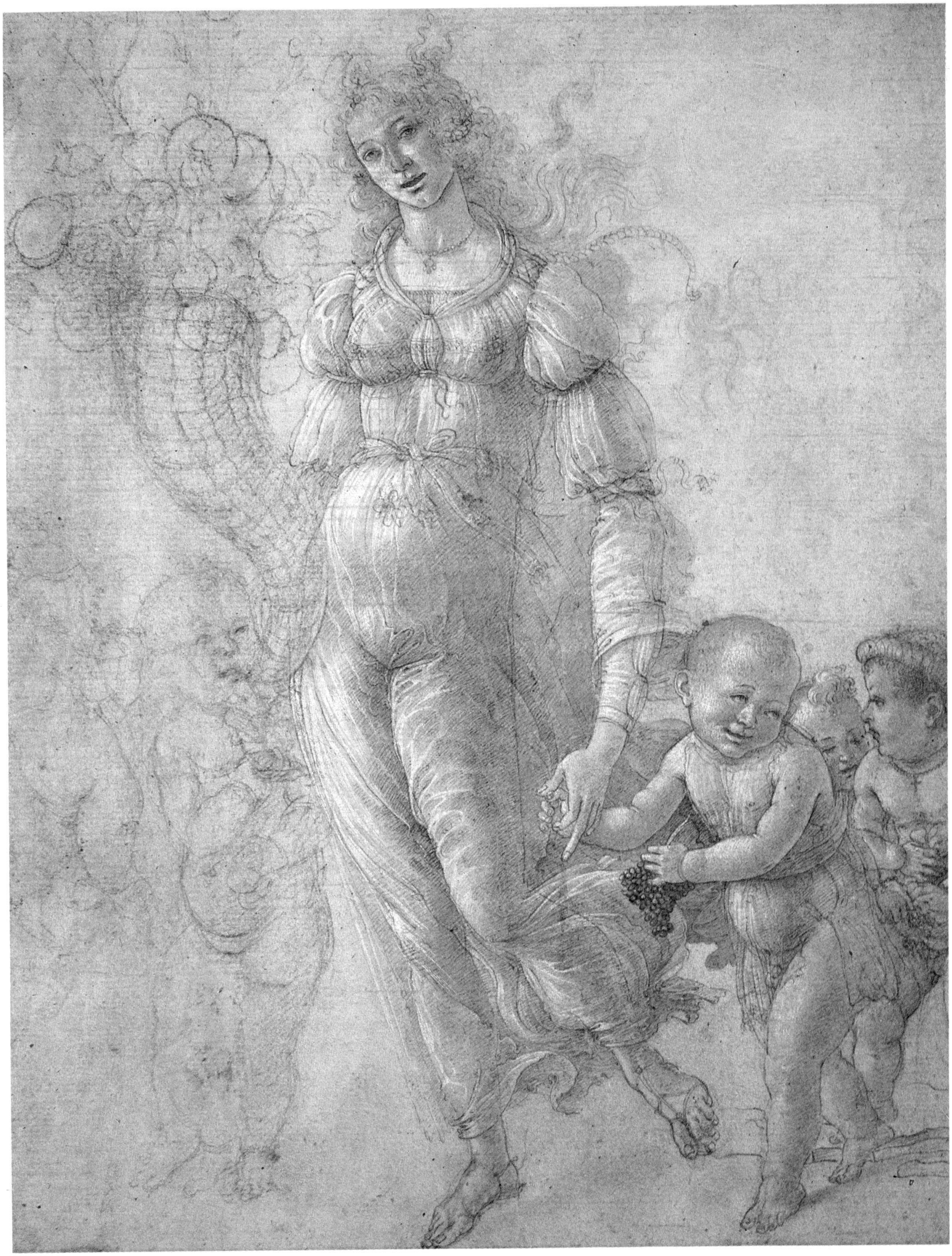

L'Abondance ou L'Automne, pierre noire, plume et encre brune, aquarelle.

d'histoire comme statique *exemple* l'idée d'histoire comme développement et engrenage d'événements). Chez Botticelli, le rythme de la ligne n'a ni continuité ni succession: celle-ci s'élance et retombe, se noue et se dénoue, se rompt et se reprend, court et s'engouffre. Son développement est imprévisible; il ne définit pas un temps ou une durée, de même qu'il ne détermine pas l'espace: il ignore délibérément et contredit la succession de cause à effet qui est, à la notion *temps*, ce qu'est la perspective à la notion *espace*.

Son récit aussi (si on peut parler d'un récit) procède par vagues et ressacs, suivis de longues pauses de vide. Il ne s'agit jamais d'une «histoire» ordonnée en épisodes, d'un centre dramatique autour duquel viendraient se coordonner les faits secondaires. Dans sa distribution, on remarque souvent ces coïncidences et répétitions qui caractérisaient jadis les récits figuratifs du Moyen Age.

Observons le pré fleuri qui sert de plan d'appui dans le tableau qu'on appelle le *Printemps*: composition allégorique, loin de la structure dramatique des représentations d'histoire. Un botaniste saurait facilement identifier toutes les sortes de fleurs et de feuilles, et il n'est pas exclu que chacune ait une signification symbolique, magique ou astrologique. Cependant, tout en les décrivant minutieusement, Botticelli ne semble pas leur porter cet intérêt analytique que leur voue Dürer dans ses dessins, ni cette attention scientifique que révèlent les dessins de Léonard. Fleurs et feuilles chez Botticelli semblent sortir d'un herbier, à peine écloses et déjà fanées: leurs couleurs sont sans éclat, pâles et délicates, on les dirait conservées par miracle. Elles semblent perpétuer le souvenir d'une vie disparue. Plutôt que décrites, elles sont comme appelées par leur nom, et celui-ci évoque immédiatement une image que l'esprit de l'artiste s'emploie avec amour à rendre exacte et détaillée jusqu'à la substituer à la réalité même de l'objet. Or, c'est justement parce qu'elles sont détachées de la réalité et privées de leur substance corporelle que toutes ces images sont «belles», de cette beauté qui est, selon Marsile Ficin, *aliquid incorporeum*. La beauté s'obtient donc grâce à un détachement de la réalité physique, grâce à une mystérieuse translation de la chose à l'image.

L'image n'a pas un caractère moins intellectuel que la forme; elle est sans doute apparence sans substance, mais cette apparence n'est pas révélée par une émotion sensorielle. Nulle œuvre de ce siècle ne s'éloigne davantage de l'expérience des sens que celle de Botticelli, lui qui avait pourtant derrière lui toute une tradition de peintres attachés à la recherche de la substance spatiale des choses. Mais, pour lui, une image, une «belle» image est en fait ce qui reste d'une substance usée et finie: elle est substance abstraite et sublimée, transposée sur un plan de spiritualité où toutes les valeurs s'égalent. Même les actions humaines perdent, dans leur représentation, toute actualité, sortent de l'espace et du temps, conservant toutefois l'empreinte du monde réel d'où, non sans nostalgie, elles ont été arrachées.

De toute évidence, ce processus de transposition dans l'image implique un artifice : il n'est pas naturel, mais culturel. En effet, bien des sujets poétiques de Botticelli reprennent les thèmes allégoriques de la poésie «cultivée» contemporaine. Mais puisque son problème est la peinture, Botticelli ne délaisse pas les sources plus spécifiquement picturales et parmi celles-ci, le traité d'Alberti, dont il comprend l'importance capitale dans le développement historique de la peinture florentine. Ce traité présente deux aspects. Il expose d'une part une théorie de la vision dont il établit les lois en suivant la théorie de Brunelleschi sur la construction architecturale de l'espace. Il essaie d'autre part de concilier cette théorie avec toute une littérature humaniste qui sans doute a peu de rapports avec l'art des pionniers de la Renaissance, mais qui s'emploie à montrer que les nouvelles conceptions artistiques prennent leurs racines dans l'Antiquité. Botticelli s'attache surtout à ce second aspect qui est essentiellement humaniste et littéraire. Il va jusqu'à en suivre les suggestions dans la manière même de composer : partant du détail pour aller à l'ensemble, représentant «chaque partie en mouvement», veillant à ce que les mouvements soient pleins «de charme et de grâce» et préférant ceux qui se dirigent «en haut vers les airs». Il évite aussi bien la trop grande foule que la «solitude» des figures, fait mouvoir les vêtements, noue les cheveux selon les préceptes du traité, et ce n'est certainement pas un hasard s'il réalise dans la *Calomnie* un thème qu'Alberti avait cité comme exemple.

Le traité d'Alberti a donc un double intérêt : par rapport à la forme qu'il fait découler de la vision et par rapport aux images qu'il reprend dans le grand bagage culturel de l'Antiquité – et c'est surtout l'image qui est importante chez Botticelli. A la fin du XVe siècle, la culture humaniste recherche dans les textes anciens la «poésie» ou la beauté du discours davantage que le témoignage historique ou l'exemple moral. Ainsi le culte de l'image dans la peinture de Botticelli est encore un pas en avant vers l'analogie qui se dessine de plus en plus entre peinture et poésie.

Il faut ici préciser. Pour Botticelli, la peinture est poésie non seulement parce qu'elle est lyrique ou qu'elle s'apparente à la poésie écrite; mais cette analogie lui permet de s'opposer à la théorie de la peinture-connaissance, qu'il s'agisse de la connaissance de la nature ou de celle de l'humanité, donc de l'histoire. Si aujourd'hui il nous est aisé d'accepter une identité entre art plastique et poésie, il n'en allait certes pas de même au temps de Botticelli. Pourtant, Léonard lui-même, malgré ses intérêts scientifiques

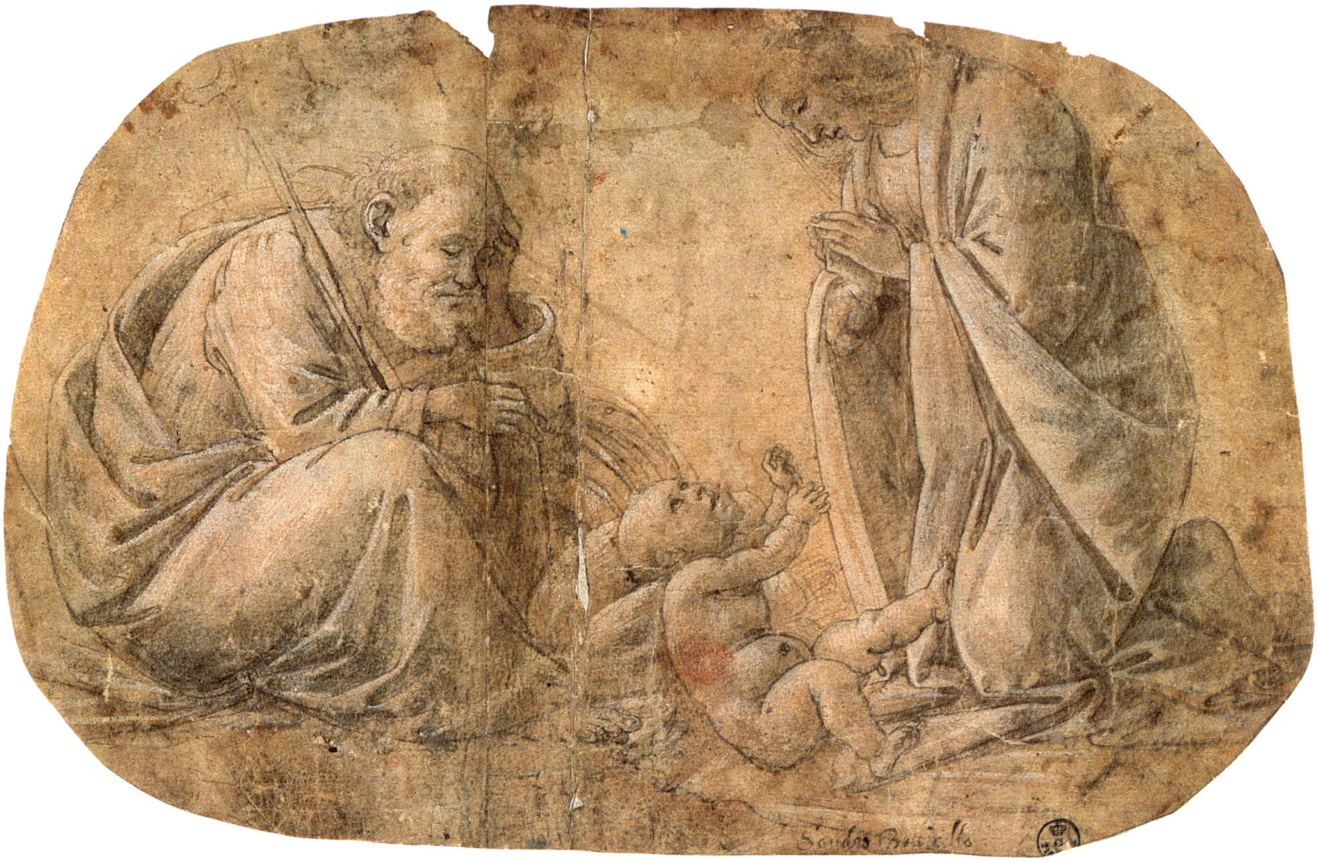

Nativité, plume et aquarelle.

précis, fut forcé de la reconnaître. Et enfin, s'il proclame la supériorité de la peinture sur la poésie, parce qu'elle lui paraît plus proche du vrai, c'est qu'il pense à une peinture ayant toutes les qualités dont il déplore l'absence dans l'art de Botticelli. Lui aussi rejette le concept de la forme en tant que pure situation spatiale et son idée de la perspective s'oppose à celle de Piero della Francesca par exemple. Par son *sfumato*, il affirme que la forme ne peut être délimitée, qu'elle se répand dans l'infini de l'espace, avec lequel elle finit par s'identifier physiquement.

Botticelli au contraire se borne à opposer au concept de forme, qui ne vaut que pour les arts figuratifs, celui d'image, valable aussi bien pour la peinture que pour la poésie. La forme est constante et unique, qualité universelle se manifestant dans le particulier, tandis que les images sont innombrables, polyvalentes et interchangeables. La forme, à l'encontre de l'image, possède en elle une structure et un contenu constant (la nature). La première est toujours claire, la seconde toujours obscure, pleine de sous-entendus allégoriques. C'est pour cela qu'elle se place selon la théorie néo-platonicienne sous le signe de Mercure, dieu des transmutations, des allégories, des énigmes (A. Chastel, *Marsile Ficin et l'art*, Genève-Lille, 1954).

Gombrich fait observer que dans le *Printemps*, la figure centrale dérive, du point de vue iconographique, de la Vierge de l'*Annonciation* d'Alesso Baldovinetti, et que dans la *Naissance de Vénus*, on retrouve le même rythme de composition que dans le *Baptême*: il reconstruit en outre *(Botticelli's Mythologies)* le processus de cette transmutation ou *contaminatio* qui va d'une image sacrée à une image profane ou pour le moins allégorique.

Certes, cette *contaminatio* de thèmes sacrés et profanes était en quelque sorte favorisée par la recherche humaniste d'un point de convergence entre les deux doctrines, celle de l'Antiquité et celle de la chrétienté. Cependant il est évident aussi que, dans les exemples cités, le recours iconographique ne suit pas un but doctrinaire précis, mais qu'il est en quelque sort inhérent au sens poétique de l'image – par sa nature toujours ambiguë et polyvalente. Toutefois, si la forme tend vers l'unité et l'universel, l'image est toujours particulière et déterminée: la doctrine néo-platonicienne veut une reconstitution exacte de l'image des divinités classiques et recherche une véritable restauration de la mythologie, mais à chacune de ces divinités elle attribue ensuite, en dehors de sa signification mythique particulière, un sens astrologique, moral ou autre. L'image est, au point de vue typologique, constante, mais elle peut assumer différentes significations et se prêter à diverses interprétations. Comme dans la peinture du Moyen Age, la fixité d'un type iconographique (et dans ce cas il peut s'agir simplement de la figure humaine) a sa contrepartie dans un raffinement extrême de facture. Il importe de dégager à la fois le caractère antique et actuel de l'image, de montrer qu'elle appartient aussi bien au monde réel qu'à celui des idées, qu'elle est elle-même et une autre, plusieurs autres même. Voilà qui explique encore le rythme interrompu de la ligne de Botticelli. Elle esquisse un mouvement continu qui annule toute possibilité de stabilité de la figure dans l'espace, mais ensuite ses arrêts brusques effacent tout à coup la première impression de mouvement et semblent supprimer jusqu'à l'existence physique de l'image.

Il en va de même pour la couleur: primitivement brillante, elle semble ensuite pâlir et s'éteindre sur la surface du tableau sans qu'il y ait un rayon ou une vibration de lumière: il n'est pas rare que la couleur même acquière une signification symbolique et que la lumière se matérialise dans des corpuscules dorés comme pour traduire textuellement la métaphore littéraire de la «lumière d'or» du soleil. Plus encore: puisque l'image est incorporelle, sa beauté même ne peut être définie, ce n'est pas celle de la chose en soi, mais elle est transmise comme par réflexion. En outre, l'image est toujours composite, faite de plusieurs images coordonnées ou superposées. Dans le *Printemps*, tableau qu'on peut considérer comme le programme de la vision poétique de Botticelli, les voiles diaphanes et dansants des trois Grâces ne les vêtent ni ne les dénudent. On ne peut dire si le mouvement des figures est défini par les corps ou par les voiles, ni si ces derniers traduisent le mouvement de la danse ou du vent. Ce sont trois figures vêtues d'air, comme la Flore dans sa robe fleurie est à la fois femme et jardin. Les bijoux et les fleurs aussi ont une valeur interchangeable. Ils établissent un rapport symbolique entre les personnes et la nature et sont là pour montrer que les yeux luisent comme des joyaux, que les lèvres ont la fraîcheur des roses et les chairs la transparence des perles. Même leurs formes se mêlent, les fleurs deviennent bijoux, les tresses colliers, et ainsi de suite.

Si le «beau» est donc *aliquid incorporeum*, ce à quoi on aspire et qu'on ne peut qu'approcher sans jamais l'atteindre ou le réaliser, l'art ne peut être la représentation du «beau». Ainsi, la vision poétique de Botticelli, en admettant que toute chose tende vers un état de perfection et que l'art soit le processus actif de cette sublimation, se rapproche, d'un point de vue idéal, de celle d'Angelico. Elle implique de toute manière une attitude religieuse. Il est faux de dire que l'art de Botticelli *devient* religieux à une certaine époque, que l'on fait généralement coïncider avec les prédications de Savonarole. (Le point de départ est absolument religieux; les tableaux profanes cherchent à démontrer une coïncidence entre le mythe chrétien et le mythe antique; les tableaux de la dernière période sont un retour à la tradition religieuse de la peinture.) A partir de ce moment, après avoir traversé de toute évidence une crise de conscience, le peintre tend plutôt vers un sens «piétiste» et moralisateur, mais il avait déjà révélé son sentiment religieux dans les œuvres que l'on considère généralement comme profanes et païennes.

Naturellement la religion positive d'Angelico est fort différente du sentiment de Botticelli et l'on pourrait même dire que la «laïcisation» de la vision poétique d'Angelico, commencée par Filippo Lippi et Gozzoli, s'accomplit justement dans l'art de Botticelli, qui marque le passage de l'esthétique thomiste à l'esthétique néo-platonicienne. Chez Angelico subsiste toujours une prémisse rationnelle. Il a la certitude de pouvoir représenter le Créateur à travers la chose créée, dont l'existence réelle ne peut être mise en doute; ainsi son esthétique religieuse aboutit, par une autre voie, à la théorie de l'art-connaissance (de là la grande importance d'Angelico dans la formation de Piero della Francesca). Tandis que pour Botticelli, le problème de l'art-connaissance est définitivement clos et la question même du «beau» se détache de celle de la nature. Ce n'est pas la nature qui prête sa beauté à l'art, mais l'inverse, l'art étant l'artifice qui permet de découvrir le sens caché des choses naturelles. Botticelli prend donc une attitude qu'on pourrait dire de volition: le «beau» n'ayant pas de formes qu'on puisse imiter, l'art n'en est pas la représentation, il est la volonté de la beauté. Ainsi l'art ne dépend pas d'une esthétique donnée; mais une esthétique, une idée du beau se produit de l'art même, naît avec le travail de l'artiste. L'art n'est donc pas une révélation, mais un rite, le culte d'une divinité inconnue qui ne peut se manifester qu'indirectement dans les actes de ce rite mystérieux; il est aussi inspiration ou *furor*, car le «faire» ne tend pas à un but précis, c'est une sorte de continuelle aspiration. Alors s'explique ce qui pouvait paraître contradictoire dans l'art de Botticelli qui, d'une part, est pure poésie, suprême raffinement, élection formelle et, d'autre part, reste scrupuleusement fidèle aux manières et aux normes techniques traditionnelles, aux procédés de ce haut artisanat qui sera au contraire dépassé par Pollaiolo, Verrocchio et Léonard.

Dans toutes les œuvres de Botticelli se révèle ce sentiment du rituel, toujours mêlé du *furor* dont parle Marsile Ficin (qui faisait de l'artiste un initié et de la vénération du beau une sorte de culte orphique). Il apparaît surtout dans les peintures qui marquent, entre 1480 et 1490, la crise de conscience à laquelle nous avons fait allusion. Il s'agit notamment du *Retable de Saint-Barnabé*, de la *Madone avec saints* de Berlin et du *Couronnement de la Vierge*, aux Offices. Plus qu'un renversement des valeurs, la crise que traverse Botticelli est un besoin de clarification, d'une idéologie plus rigoureuse. Le rite suppose le mythe et l'art est précisément ce rite; sans art le monde serait donc dépourvu de mythes et d'images, aveugle, la nature même tomberait dans les ténèbres. Même lorsqu'il est profondément troublé par la rigueur de Savonarole, Botticelli ne se résout pas à imaginer un monde privé d'images et privé d'un art qui puisse les découvrir et les révéler. Ce qui après la crise change surtout de signification, c'est le thème de la «vanité», élément positif dans la thèse politico-religieuse de Laurent le Magnifique, négatif dans celle de Savonarole. Sous cet aspect, la crise peut déjà se percevoir si l'on compare les deux œuvres profanes: le *Printemps* et la *Naissance de Vénus*. Dans la première, la «vanité» triomphe par l'innombrable multiplicité des images et leur continuel écho de l'une à l'autre, par l'abondance des ornements qui couvrent et cachent presque l'image originelle. Dans la seconde se font déjà jour une recherche de beauté «nue» et essentielle, le renoncement à l'artifice littéraire des similitudes continuellement perpétuées, l'isolement et la quasi-solitude des images. Dans le *Printemps* en outre, on se trouve en présence d'une tendance allégorique encore fondamentalement naturaliste (ce n'est pas gratuitement que ce tableau a été placé sous l'égide de Mercure): il s'agit donc de la transposition d'un vague idéal de beauté incarné dans les apparences naturelles qui seules pouvaient cacher l'allégorie. Tandis que dans la *Naissance de Vénus*, l'allégorie n'a plus besoin de la médiation d'éléments naturalistes. Le peintre tend à passer directement de l'idée à l'image, il effleure la densité conceptuelle et la simplicité formelle du symbole. C'est là du reste le premier indice de cette allégorie d'idées qui s'écarte de tout naturalisme et qui aboutira au tableau de la *Calomnie d'Apelle*, l'«œuvre-manifeste» de cette tendance. Ainsi privé de tout sens naturaliste et ne pouvant plus apparaître sous un des innombrables aspects naturels, le mythe se raidit dans le dogme. C'est la vérité indiscutable qui détermine la condition de «nécessité» de l'art et confère à la volonté, et donc au «fait artistique», sa pleine justification morale. Elle élimine toute «vanité». Le «beau artistique», qui ne peut plus en aucun cas s'assimiler au «beau naturel», bien que forcé de s'en inspirer, s'identifiera finalement au «beau moral».

Des œuvres aussi âpres et douloureuses que les deux *Mise au tombeau* (Milan et Munich), par exemple, tendent en vérité à être moralement belles, c'est-à-dire veulent exprimer que l'action «belle» est celle qui sauve. Leur tension, leur caractère tragique même, ne réside pas dans la violence de la représentation, mais dans la lutte continuelle contre l'«image», qui a toujours tendance à se soumettre ou à s'orner comme elle le faisait jadis, contre l'image qui recherche encore des comparaisons avec la nature

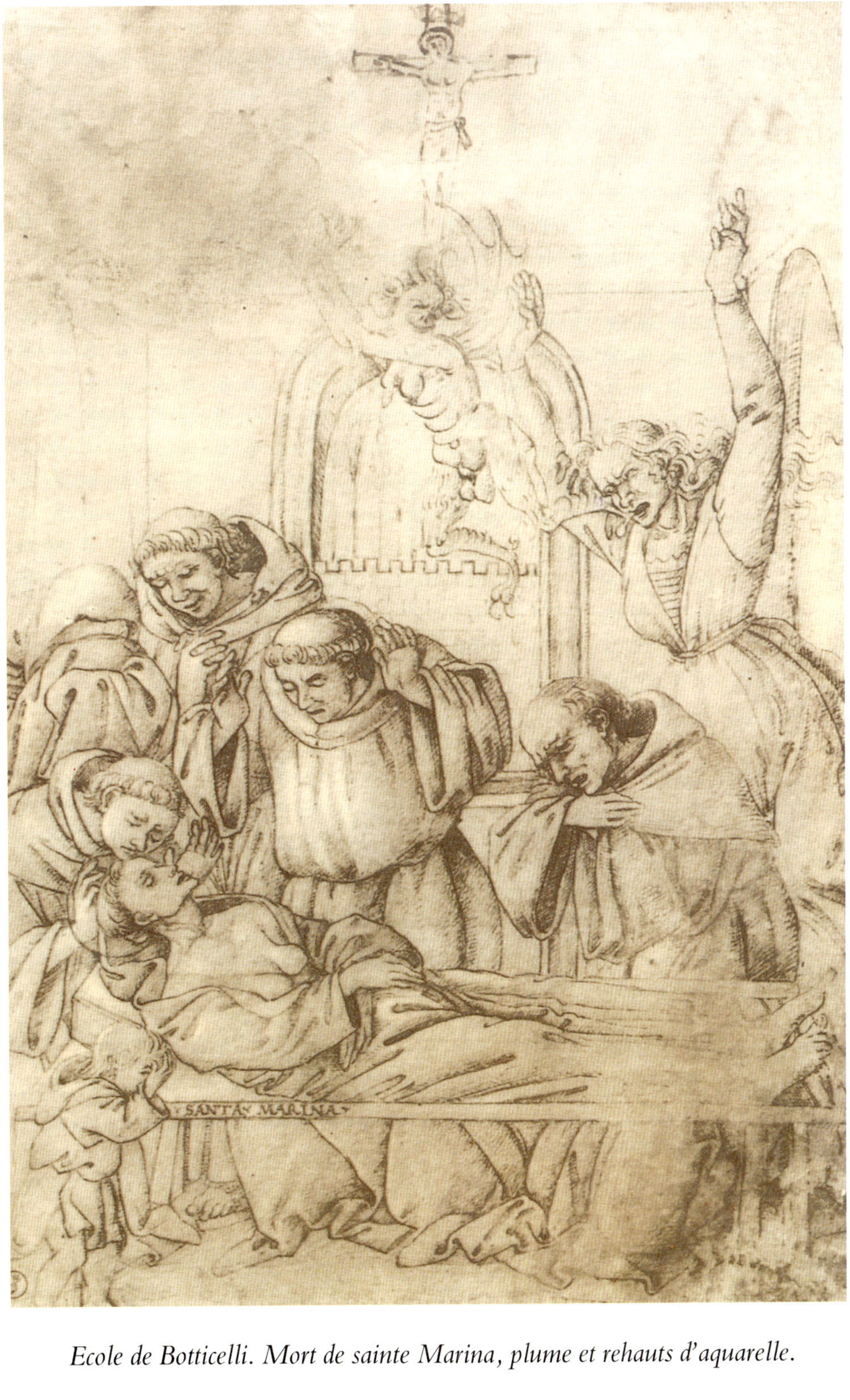

Ecole de Botticelli. Mort de sainte Marina, plume et rehauts d'aquarelle.

et le mythe (Jésus-Christ par exemple est encore Apollon ou Orphée ou Méléagre), contre l'image enfin qui retomberait dans le domaine interdit de la «vanité». Lutte serrée, intellectuelle et dialectique, entre l'image conceptuelle d'une part, mythologique et naturelle d'autre part. Il en résultera la disparition du naturalisme et de la mythologie, ou si l'on préfère de la mythologie naturaliste. Michel-Ange, qui reprendra le problème au point où le laisse Botticelli, fera ressortir les «contraires» du concept et de la matière. Il s'écartera délibérément du problème de la nature, éliminé par Botticelli et repris, mais d'une manière tout à fait nouvelle, par Léonard. Ainsi disparaît la conception humaniste de la nature qui faisait de celle-ci un répertoire de noms et d'images auxquels l'homme devait puiser pour représenter sa propre condition spirituelle; et cette fin aura des conséquences fort importantes. Avant tout lorsque la ressemblance naturaliste se transforme en concept et que celui-ci à son tour se raidit en devenant dogme, l'ornement qui ne valait que par «similitude» perd toute sa valeur. Tout ce qui servait de commentaire ou d'interprétation à l'image, la représentant «couverte» comme dans un mystère orphique, se centralise en quelque sorte dans l'image elle-même et sert à la définir dans sa totale évidence, dans sa «nudité» absolue. La «chanson» devient insensiblement laude et celle-ci se confondra avec le verset litanique ou le psaume. Nous voudrions en donner un exemple: le thème poétique de la tresse et de la guirlande, né tout d'abord du mélange des images naturelles et artificielles (la fleur-bijou), se change ensuite en des ornements architectoniques (*Madone et saints*, Berlin) pour se réduire enfin à une simple natte, symbole de pauvreté (*Communion de saint Jérôme*, New York). L'ornement, il est vrai, réapparaît dans les œuvres plus tardives (comme dans la *Nativité* de Londres) et avec lui surgit à nouveau toute une suite d'éléments naïvement naturalistes. Mais à ce moment, l'ornement devient une sorte d'hommage ou de tribut pareil à un acte de dévotion. Son rôle revient presque à montrer que le peintre ne se considère plus comme un initié ou un intermédiaire qui expliquerait au peuple la vérité de la foi, mais qu'il se sent lui-même un homme du peuple, qui vénère, en les ornant avec enchantement, les images sacrées. Comme Angelico, Botticelli se sent attiré à la fin de sa vie vers une apparente ingénuité des moyens d'expression, vers un rythme facile, qui pourrait en quelque sorte être chanté bien que tout à coup il se fasse aigu, savamment dissonant. C'est le cas par exemple des *Scènes de la vie de saint Zénobe*, visiblement inspirées par les lointaines prédelles d'Angelico.

Désormais Botticelli met tout son effort à combattre ce qui doit lui apparaître maintenant comme le caractère démoniaque de la mythologie humaniste:

c'est-à-dire cette continuelle mutation des images et de leur signification, leur secret animisme, leur nature incertaine. Il cherche au contraire à fixer les images, à les rendre rigides, pour les contraindre à dire ce qu'elles sont vraiment. Il veut dissiper toute trace de mythologie profane et les préciser comme des mythes sacrés. On peut ainsi s'expliquer que dans les deux *Mise au tombeau* et même dans la *Nativité*, on puisse trouver plusieurs figures arrêtées dans une image unique, immobile et absolue, pleine pourtant de contrastes intérieurs, de forces en conflit.

La *Mise au tombeau* de Milan est enfermée dans une ogive, dans une unité qui possède en soi ses centres propres et ses lignes de force, dont les moments culminants sont déterminés par la pathétique rencontre de deux visages, par la répétition d'un geste, par l'insistance de plusieurs moments d'expression situés sur un même axe ou sur un même arc. Il s'agit ici d'une nouvelle manière de composer qui ne dépend plus de l'équilibre et de la symétrie des formes ou de la combinaison des figures, et qui est faite de coïncidences, d'oppositions, d'une somme d'accents expressifs. C'est là un moyen antiperspectif et antispatial par excellence qui accuse la complète déchéance du naturalisme de la composition. Il anticipe cette construction par tensions intérieures que l'on retrouvera dans la *Pietà* de Michel-Ange et enfin dans la *Mise au tombeau* de Caravage.

Ainsi la poésie de Botticelli n'est pas seulement un volontaire retour à l'archaïsme. C'est aussi une porte ouverte vers l'art moderne, non vers cet art de «vision» qui, partant de Léonard et à travers les Vénitiens, les Flamands et les Espagnols, aboutit à l'impressionnisme, mais vers l'art d'«expression» qui, à travers les Allemands, va jusqu'à l'expressionnisme.

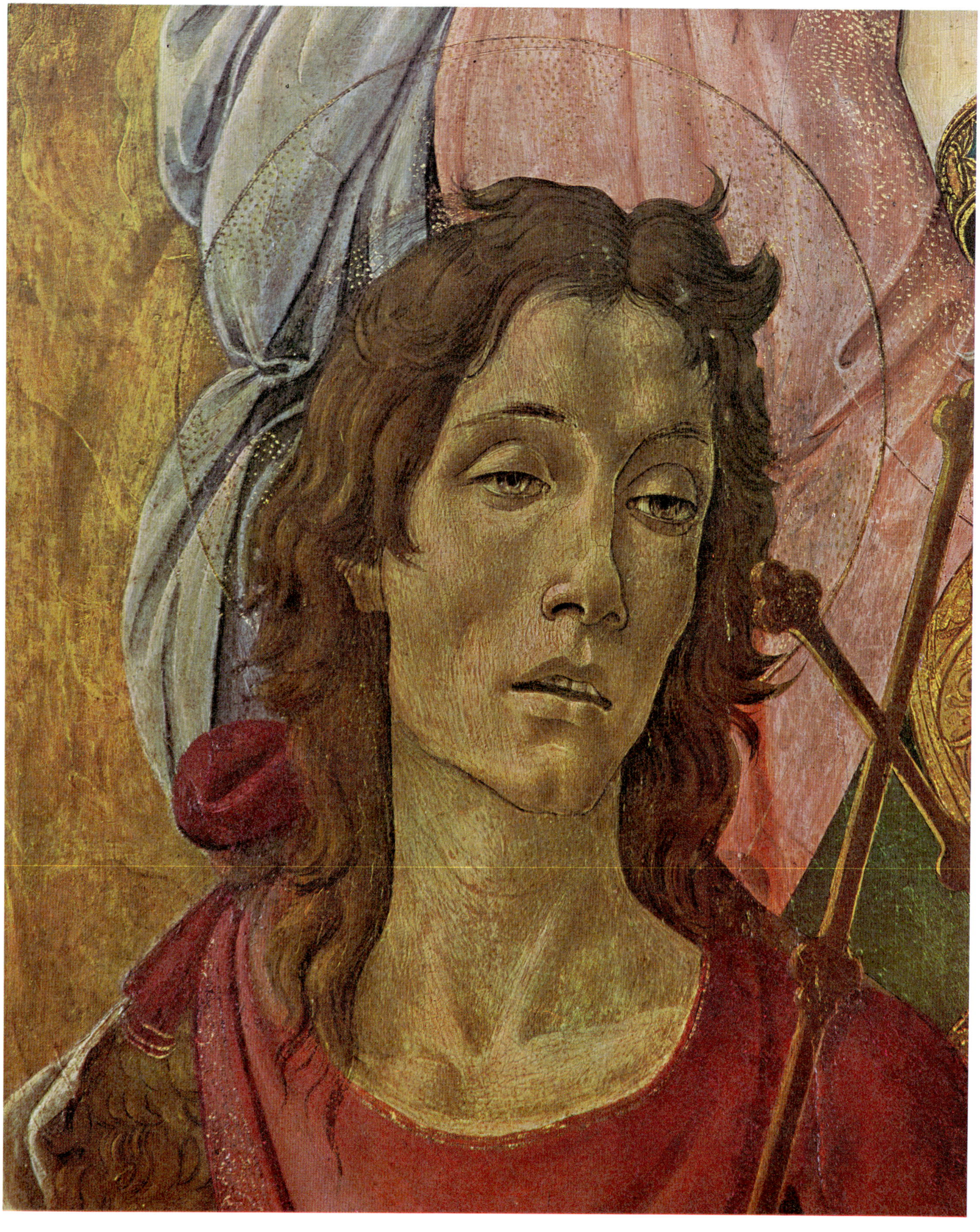

Saint Jean-Baptiste, détail du Retable de Saint-Barnabé – vers 1487.

LES ŒUVRES

D'ANCIENNES sources dignes de foi nous apprennent que Botticelli commença à peindre dans l'atelier de Filippo Lippi. D'autre part, la critique moderne relève dès les premières œuvres l'influence de Pollaiolo et celle surtout de Verrocchio. Il est même historiquement prouvé que Botticelli travailla dans l'atelier de ce dernier, où se formèrent également, quelques années plus tard, le Pérugin et Léonard; et il est probable qu'il a, lui aussi, contribué au retable du *Baptême du Christ* que la tradition attribue à Verrocchio avec la collaboration de Léonard. En outre, Botticelli montrant dès le début un style nettement caractérisé — fruit d'une longue élaboration de la tradition picturale florentine —, il est indispensable de rechercher bien avant dans le passé les principes qui servirent de base à sa conception des lignes et de la couleur, dans lequelles l'image se concrétise.

Entre la mort précoce de Masaccio et le début de l'activité picturale de Botticelli, il s'écoule à peine une quarantaine d'années. Donatello ne meurt qu'en 1466 et vers cette date se situe aussi le *Miracle de l'hostie*, le tableau où Paolo Uccello réalise sa perspective la plus rigoureuse. Et si l'on se rappelle qu'un des éléments les plus importants de la vision de Botticelli réside justement dans le refus de la perspective comme principe structural, il est difficile de ne pas voir que, dès le commencement, le peintre prend une position nettement polémique: contre l'art en tant que connaissance, conception affirmée par les premiers maîtres du XVe siècle et reprise par Piero della Francesca; contre aussi cette divulgation des grands principes que recherchait Baldovinetti, dont l'activité s'étend sur toute la seconde moitié du siècle. Bien que parfaitement original, le langage pictural de Botticelli n'a pourtant rien de révolutionnaire; c'est un langage que le peintre déduit, par un subtil processus d'élaboration, de ces prémisses mêmes dont ensuite il se détache insensiblement.

Pendant les dix ou quinze années qui suivent la mort de Masaccio, la personnalité qui domine la peinture florentine est Angelico. Dans un ouvrage consacré à ce peintre, nous avons essayé de dégager l'importance historique non seulement de sa peinture, mais aussi de son esthétique, fondée sur la philosophie thomiste. Il est évident qu'Angelico, tout en gardant le point de vue thomiste selon lequel la connaissance de la réalité est en même temps connaissance de Dieu, ne pouvait accepter une théorie qui détourne l'art de sa fonction religieuse traditionnelle pour lui assigner un but précis de connaissance. Pour lui, la perspective pouvait servir de principe rationnel qui, en nous faisant remonter de l'effet à la cause, permettait de reconnaître le caractère rationnel de la Création; mais il ne pouvait la considérer comme la structure objective de la réalité. En bon nominaliste qu'il était, Angelico soutenait que Dieu a créé les choses et la lumière qui, émanant des corps célestes, les rend visibles. Mais l'espace, en tant que structure géométrique de la vision, est un concept de l'esprit humain et non un produit de la création divine. La lumière prévaut donc sur l'espace: elle est une réalité objective et elle l'est d'autant plus qu'elle nous est donnée par la Providence comme le moyen de voir les choses, et même de les voir sous cette forme parfaite qu'elles avaient dans l'esprit créateur de Dieu et que notre condition de pécheurs a voilée par l'épaisse fumée de la «sensualité», les rendant difformes, opaques et lourdes.

Ce problème du rapport entre lumière et forme (qui est un rapport de réciprocité puisque la lumière se manifeste dans la forme et vice versa) se révèle très nettement dans le retable de Pérouse datant de 1437. C'est un des chefs-d'œuvre d'Angelico et il eut certainement une influence sur le style de Domenico Veneziano et sur les débuts de Piero della Francesca. Ces deux artistes, du reste, se trouvaient à Florence en 1439, occupés ensemble à la décoration de l'église Sant'Egidio. Si l'on en juge par leurs répercussions sur la peinture de l'époque, ces fresques, aujourd'hui détruites, devaient aussi poser le problème du rapport entre la réalité effective de la lumière et celle, intellectuelle, de l'espace. On sait quel fut le développement de ce problème. Que l'on pense par exemple aux fresques d'Andrea del Castagno à Sant'Apollonia où s'identifient lumière et forme, à l'accord entre lumière et perspective recherché par Domenico Veneziano dans le *Retable de sainte Lucie*, à l'œuvre d'Alesso Baldovinetti, à la synthèse magistrale entre forme intellectuelle et intelligible par Piero della Francesca à Rimini ou Arezzo.

Pour se rendre compte, en bref, de la complexité de la situation picturale d'alors, il faut se rappeler que Filippo Lippi, le premier maître de Botticelli, avait déjà tenté de trouver une solution de compromis. Ce peintre sentait vaguement l'antithèse qui opposait Masaccio et Angelico, l'idéal de l'un étant d'ordre moral et purement humain et celui de l'autre intégralement religieux. La nature seule était un terrain d'entente, puisqu'elle renferme le message divin, mais elle ne peut le communiquer que si l'humanité elle-même est nature. Si bien que le centre d'intérêt de la peinture devient ce que l'âme possède de plus spontané et de plus naturel, c'est-à-dire ses mouvements affectifs, le sentiment. Partant ainsi du naturalisme historique de Masaccio et religieux d'Angelico, Lippi ouvre sa propre vision naturaliste à toutes les expériences humaines rejetées par Masaccio parce que non historiques et par Angelico parce que mondaines. Il en résultait logiquement un problème moins de représentation que de visibilité. De là découle le rapport de la perspective avec l'optique (tandis que la perspective avait été pour Masaccio la structure suprême de la réalité, et pour Angelico un processus intellectuel et logique). La thèse de Ghiberti, qui pratiquement réduit la perspective aux théories optiques d'Alhazen et de Witelius, n'était donc pas une survivance anachronique des notions médiévales: au contraire, c'était un retour conscient à la nécessité de concilier les exigences de la vision avec celles de la vue. Si Filippo Lippi s'appuie sur la sculpture, ce n'est donc pas pour accentuer le caractère plastique de ses formes, mais parce que la sculpture, dont les formes occupent réellement un espace et changent selon l'incidence lumineuse, implique de manière bien plus insistante que la peinture le problème de la visibilité. Pour le sculpteur, en effet, la lumière formelle est aussi lumière physique, et la représentation même de l'espace se fait à travers la lumière. Avec les quelques centimètres de profondeur réelle, un bas-relief en bronze doit pouvoir représenter l'intérieur d'un édifice ou un paysage de forêts et de montagnes. Pour y parvenir, Ghiberti intensifie la lumière, recourant à l'or ou au modelage par plans obliques qui facilitent la transmission lumineuse. Mais il n'en va pas de même pour Donatello. Pour donner à la figuration la force dramatique de l'*historia*, Donatello doit la situer dans une détermination très nette d'espace et de temps; et la perspective est justement l'identité ou l'unité formelle de l'espace et du temps. Il ne pouvait se contenter comme Ghiberti d'une conception indéterminée de l'espace et de la lumière, qui convenait aussi bien à un récit sans drame. Son relief *schiacciato* (écrasé) aplatit les formes, que Ghiberti au contraire cherchait à arrondir. Ainsi faisant, ce dernier n'obtenait pas de contours définis, tandis que la forme aplatie de Donatello crée un bord lumineux auquel l'ombre nette qui la sépare du plan donne un plus grand éclat. Ce sont là des mouvements de lumière et ombre qui soudent la figure à l'espace, définissent le mouvement, l'action, la représentation dramatique. En effet, au fur et à mesure que le drame s'accentue chez Donatello, s'accentue aussi la fébrilité rythmique des lignes et, avec elle, l'intensité lumineuse et la vibration de la lumière. Or, les chaires de Saint-Laurent, l'œuvre où s'exaspère le luminisme linéaire du sculpteur, furent exécutées lorsque Botticelli commençait déjà à méditer sur les problèmes de l'art. Il faut se rappeler en outre — ce qui éclairera aussi la formation artistique de Botticelli — qu'à cette même époque, Agostino di Duccio, le disciple le plus subtil de Donatello, cherchait de son côté à donner une interprétation purement linéaire de l'art de son maître, en éliminant de la représentation «historique» de celui-ci tout élément dramatique.

Si donc en sculpture on voit facilement naître la ligne de la lumière, en peinture, la transposition des valeurs lumineuses en valeurs linéaires, ou enfin la traduction de la sensation empirique en termes intellectuels, est un problème bien plus complexe. Les premiers indices se font jour dans la *Madone* de Tarquinia, peinte en 1437 par Filippo Lippi. Ici, comme dans le relief *schiacciato* de Donatello, la lumière est une lumière intérieure qui s'identifie à l'espace; elle modèle les formes, marque les bords lumineux, se mêle aux couleurs. L'espace n'est plus homogène, mais compartimenté suivant les mouvements et les variations «naturelles» de la lumière; la ligne de son côté n'est plus un contour de l'objet mais elle limite les zones et les plans de lumière. Cette œuvre de Lippi et le retable de Pérouse d'Angelico ont été peints la même année: ils peuvent être considérés comme les deux termes opposés du débat sur la qualité — céleste ou naturelle — de la lumière. C'est sur les murs des cellules du couvent de Saint-Marc qu'Angelico porta à l'extrême ce débat. Il affirme alors sa thèse religieuse avec un dogmatisme d'autant plus absolu que les fresques ne s'adressent plus aux hommes du «monde», à ceux qui doivent trouver le salut à travers l'expérience terrestre, mais aux religieux. Pour ceux-ci, qui ont accepté une règle ascétique, il n'y a plus de raison de montrer la nature comme une voie d'élection. Pour eux, la lumière étant la lumière céleste de la révélation ne peut être mêlée aux objets naturels, qui en effet se réduisent à des images sans corps, à des symboles. La lumière n'a plus une substance ni une source naturelles, elle est intelligible plutôt que visible. C'est peut-être pour réagir contre cette interprétation ascétique ou théologique qu'un peintre tel que Paolo Uccello s'enferme dans un «perspectivisme» très sévère, cherchant à démontrer que les choses valent grâce à leur situation spatiale et non à cause de la lumière et allant jusqu'à se servir des couleurs seulement pour distinguer les plans de perspective.

Venons-en maintenant au peintre qui, plus que tout autre, a synthétisé les deux termes opposés du caractère plastique de Masaccio et de la luminosité d'Angelico en un terme unique, c'est-à-dire la ligne ou, plus précisément, le «dessin». Andrea del Castagno avait l'étoffe des grands humanistes; son problème, qui concerne davantage le thème de l'homme que celui de la nature, découle de la grandeur morale de l'humanité de Masaccio et du sentiment historique, si dramatique et vivant, de Donatello. Mais le centre de la question n'est plus le caractère éthique ou historique de l'homme, c'est de son destin sur terre qu'il s'agit. Ainsi se fait jour le thème de l'action individuelle et volontaire, celle qui n'est même plus dramatique parce qu'elle ne voit pas, ou dédaigne, les contrastes extérieurs. C'est une action pour ainsi dire potentielle, qui ne vaut que par la puissance de volonté qui l'inspire. C'est le thème de la grande personnalité, du héros. C'est aussi le premier indice de cette attitude volontaire et irrationnelle qui dominera la peinture florentine pendant la seconde moitié du XVe siècle, et qui, à travers Pollaiolo et Botticelli, aboutira à Michel-Ange.

L'idéal héroïque d'Andrea del Castagno se relie facilement aux thèses humanistes de Coluccio Salutati et plus encore de Leonardo Bruni (Andrea del Castagno fit de ce dernier, après sa mort en 1444, un portrait commémoratif pour le siège du proconsulat). Ce qu'on peut appeler la «terribilité» des figures de ce peintre est un reflet très net de la thèse de Bruni sur la supériorité morale de la vie active sur la vie contemplative, de Marthe sur Marie, des grands capitaines sur les grands philosophes. Preuve en est sa série des *Hommes illustres*. Mais cette volonté d'action qui veut que l'homme soit grand et digne de l'histoire isole celui-ci de la nature ou, plus précisément, elle le met en rapport avec ce qui, dans la réalité, n'est pas objet inerte mais énergie. Dans les compositions de Castagno, il n'y a presque jamais de figures secondaires, il n'y a que des protagonistes. Ceux-ci ne sont pas représentés comme faisant partie de la nature, situés dans le cadre ambiant d'un paysage agréable. De la nature ne subsiste que l'élément le plus actif et «spirituel»: la lumière.

Les fresques qu'il peignit en 1451 à l'église Sant'Egidio ont été détruites (c'est dans cette même église qu'avaient auparavant travaillé Domenico Veneziano et Piero della Francesca); mais les fresques de Sant'Apollonia montrent comment se présentait pour le peintre le problème du rapport espace-lumière. Avec cette passion des extrêmes qui le caractérise, Castagno n'hésite pas à accepter la conception surnaturelle de la lumière qu'avait réalisée Angelico sur les murs de Saint-Marc. Le héros, dont l'action est «absolue», volontaire et irrationnelle, est bien plus en contact avec l'universel ou avec Dieu qu'avec la nature et les hommes. La lumière de Castagno, en effet, est aride, blanche et sans substance; elle pénètre partout, ne se laissant jamais arrêter par l'écran solide et opaque des masses; elle rend ces dernières diaphanes sans les priver de leur force et de leur poids. Elle détruit la matière qui rendait ces masses inertes mais, par sa propre énergie, elle garde et renforce ce qu'il y avait en elles de force et d'énergie. C'est donc une lumière qui ne va pas à l'encontre du concept d'espace, mais qui s'identifie à lui. On pourrait dire qu'il s'agit d'une «lumière-perspective». C'était déjà la même question pour Lippi mais, chez Castagno, elle passe du plan empirique au plan intellectuel. Les termes du raisonnement pictural de ce peintre humaniste sont à peu près ceux d'Alberti: ses lignes directrices de perspective coïncident avec les *razzi centrici e obliqui*. Mais la solution définitive est si peu «optique» que les figures sont traversées et construites par la lumière, dont la direction des rayons détermine la construction plastique des corps. Ainsi, aux deux termes du problème lumière-perspective s'en ajoute un troisième: l'anatomie. Elle est l'élément constructeur de la figure humaine, comme la perspective est celui de l'espace. Il en résulte un isolement et une exaltation de la représentation humaine, conçue comme la synthèse suprême ou la forme absolue de la réalité, et il ne faut pas oublier à ce sujet l'importance qu'a pu avoir le concept humaniste de la «statue». Mais si la figure humaine est la valeur suprême, elle ne peut pas être considérée comme un objet, elle ne peut pas entrer dans l'espace, elle ne peut pas se soumettre à une incidence de la lumière, elle ne peut pas avoir un rang inférieur à la nature. De cette figure, il ne reste donc plus que ce qu'elle a de commun avec l'espace-lumière et, comme celui-ci, elle est énergie, tension, principe de mouvement, donc ligne. Ainsi, la ligne ou le «dessin» est en définitive l'élaboration ultérieure de la perspective, sa configuration, non seulement naturaliste mais anthropomorphique. Evidemment, elle admet les contraires de la «matière» et de la «lumière», mais elle surmonte leur antinomie, elle devient comme la tension de l'esprit, l'expression absolue d'une volonté humaine. Pris dans ce sens, le dessin ne peut plus se relier à certains principes de vision spécifiques aux différents arts, il va au-delà de toutes les déterminations techniques et vaut en tant que principe commun à tous les arts. Ce n'est pas un hasard si Pollaiolo ou Andrea del Verrocchio ont été à la fois peintres et sculpteurs.

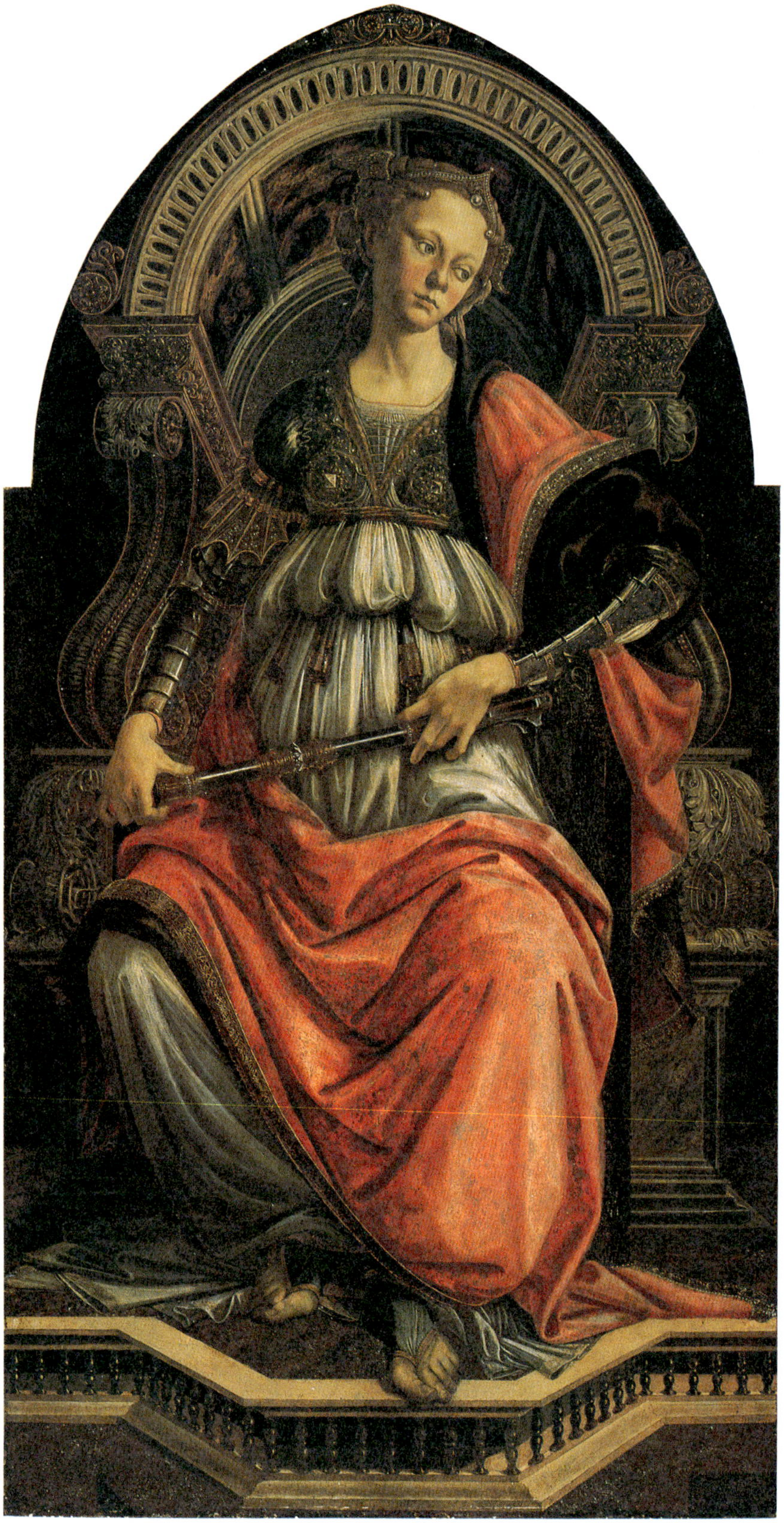

La Force – 1470.

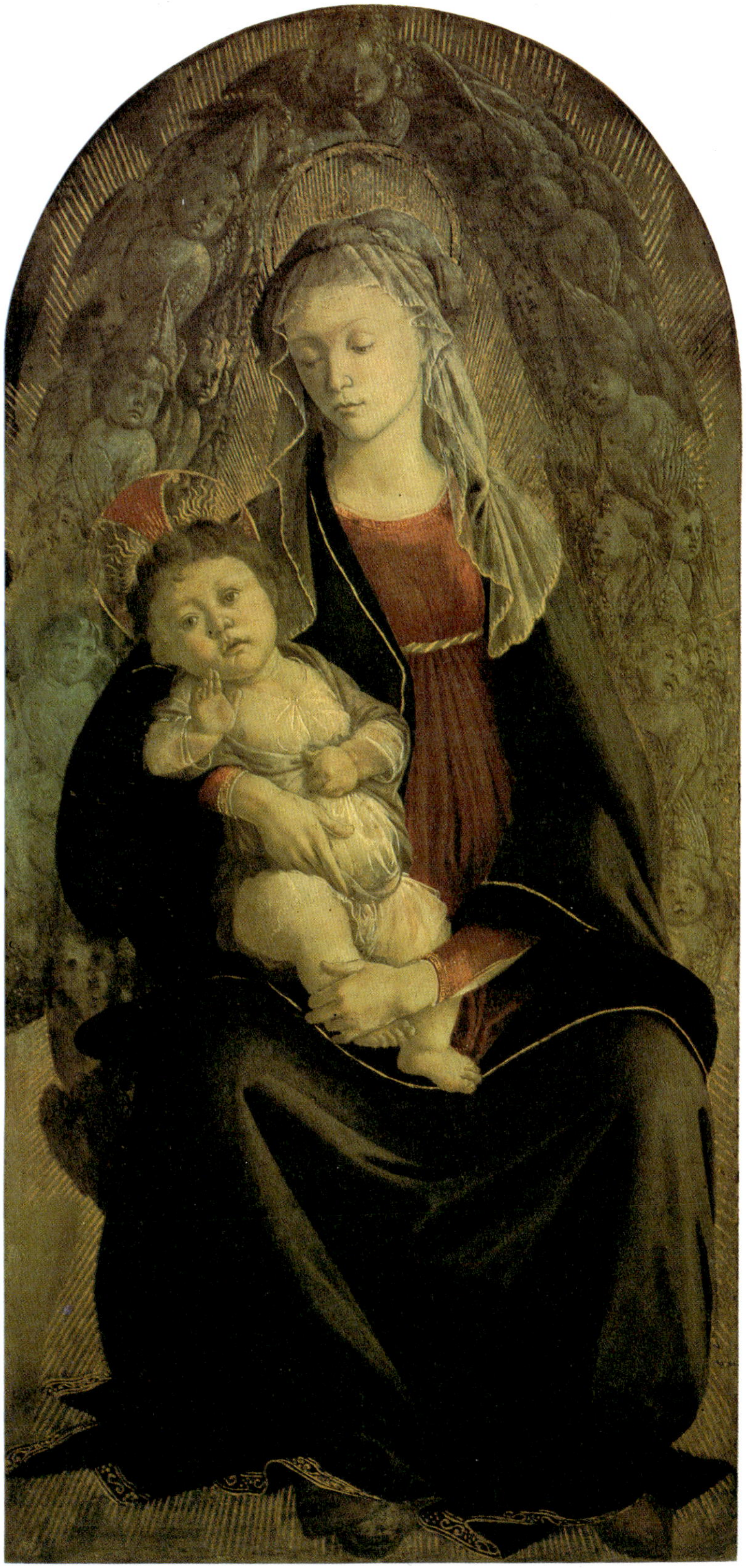

Madone avec l'Enfant et les anges – avant 1470.

Que Botticelli ait travaillé dans l'atelier de Verrocchio est attesté par les documents et ressort aussi de l'analyse des tableaux antérieurs à 1470, comme la *Madone avec l'Enfant et les anges* des Offices. Mais les œuvres de cette époque laissent paraître aussi l'influence de l'art de Lippi, influence que l'on trouve accentuée encore dans les deux panneaux représentant le *Retour de Judith du camp d'Holopherne* et la *Découverte du corps d'Holopherne* (datant de 1470 environ); en outre, une œuvre de cette même année, *La Force*, faisant partie d'un ensemble peint pour le Tribunal de la Mercatanzia dont Piero Pollaiolo exécuta les autres figures, dénote, avec l'art de celui-ci et de son frère Antonio, un rapport plus important qu'une simple analogie iconographique. Le problème de la formation de l'art de Botticelli est donc assez complexe.

Le contact qu'il eut avec Lippi incita le peintre à partir non du caractère «historique» de la personne humaine, mais de son caractère naturel; de la manière de sentir la nature, c'est-à-dire du sentiment. Mais entre la douceur naturaliste de Lippi et la «terribilité» de Castagno, l'antithèse en vérité n'est pas aussi nette, et les deux grands problèmes de l'analyse de la nature et de l'analyse de l'homme tendent toujours à s'entremêler. Pollaiolo est le premier à comprendre que le caractère volontaire de Castagno ne peut aller de pair avec la conception rationaliste, selon laquelle l'espace était perspective et le temps, histoire. Pollaiolo ne recherche plus l'action réelle, mais l'action en puissance, non la volonté dirigée vers un but, mais l'énergie, parce que celle-ci a aussi bien le caractère du sentiment que celui de la volonté. L'origine historique ou la fin morale de l'action ne l'intéressent pas; ce qu'il veut, c'est la tension de l'énergie, le *furor* de l'action qui s'accomplit. Les gestes des figures se perdent alors dans le paysage, se transforment en un frémissement qui anime tout l'espace jusqu'au plus lointain horizon. Et s'il reprend le problème de la nature, celle-ci n'est plus une réalité constante et immobile, mais un espace vibrant créé par le mouvement des figures; même la lumière qui traverse cet espace infini semble surgir du mouvement des personnages: elle naît en effet des lueurs, des éclairs et des accents vifs et rapides de la ligne et de la couleur. L'histoire ne précède ni ne conditionne plus l'action humaine, l'action n'a plus de limite dans le temps et l'espace, elle est à la fois actuelle et révolue, comme une chose qui serait arrivée dans un passé lointain mais qui se répéterait sous nos yeux avec une intensité toujours égale. C'est ainsi qu'à la recherche du caractère historique cher à Castagno succède un renouveau de la mythologie et de l'allégorie. Verrocchio ira plus loin encore: le sentiment de la nature ne fait plus qu'un pour lui avec l'énergie, qui est le caractère propre de l'homme et sa manière d'agir, mais est aussi la force intérieure de la nature, la cause de tout mouvement. Sentiment et volonté finissent par se transposer sur le plan intellectuel, parce que tous deux permettent une connaissance inséparable et simultanée de soi et du monde. C'est de là que divergent les deux voies choisies par Léonard et Botticelli.

Le sentiment naturaliste, pathétique, que Lippi avait exprimé par exemple dans les fresques de la cathédrale de Prato, est profondément transformé dans le petit tableau de Botticelli, le *Retour de Judith du camp d'Holopherne*. Walter Pater décrit «Judith revenant à travers les collines quand le grand acte est accompli, et qu'elle fait un retour sur elle-même»; il dit aussi que le caractère de l'art de Botticelli est une sorte de «sympathie pour les hommes dans leur condition précaire», un mélange de «charme, de beauté et d'énergie» non exempt du «souvenir de cette ombre qu'étendent sur eux toutes les grandes choses auxquelles ils se soustraient». C'est donc un retour au pays natal, mieux encore, un retour à la nature, à des sentiments quotidiens après l'action «héroïque» qui a été un acte de violence accompli et enduré. Les figures, découpées sur le paysage, naissent d'un jeu intense de lumières et d'ombres contre la luminosité indéfinie du fond. Ces deux valeurs opposées s'entrelacent dans les plis ondoyants des vêtements, dans le mouvement fébrile des filaments lumineux et des zones d'ombre transparente. La ligne n'est donc plus *«orli di superfici»* (les bords des surfaces) comme disait Alberti, mais surgit de l'intensité de la lumière spatiale et de son contraste subtil avec l'ombre. Cette lumière et cette ombre ne sont pas des notations sensorielles, leur valeur est une valeur essentiellement intellectuelle, leur contraste est celui d'une substance active, spirituelle, incorporelle (la lumière) et d'une substance inerte, opaque (la matière).

Dans l'autre petit tableau représentant la *Découverte du corps d'Holopherne*, l'origine luministe de la ligne est encore plus évidente. La scène entière est située dans une zone de lumière estompée par rapport à la

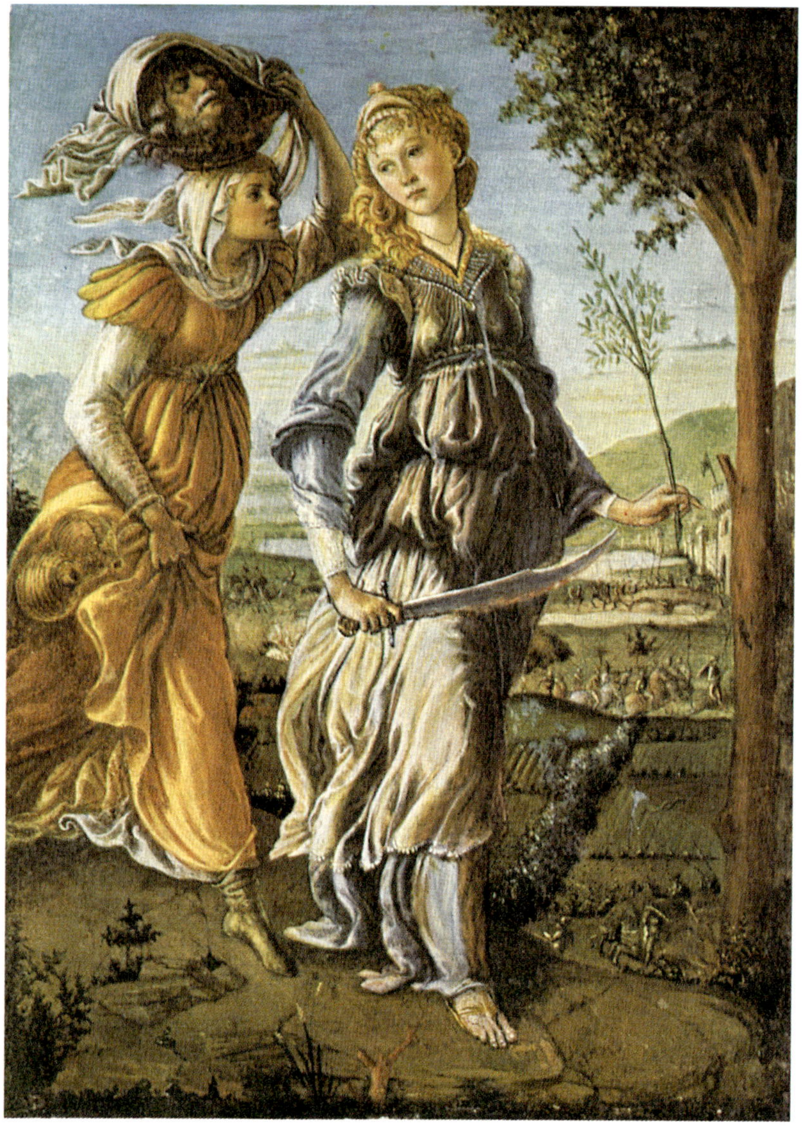

Le retour de Judith du camp d'Holopherne – vers 1470.

luminosité des horizons lointains qu'on entrevoit par l'ouverture de la tente. Il est intéressant de remarquer à ce propos que cette disposition, très nouvelle, n'est pas si éloignée de celle que Léonard, douze ans plus tard environ, réalise avec beaucoup plus de largeur dans la *Vierge aux rochers*. A la fuite lumineuse du fond correspond une lumière diffuse qui semble provenir de l'avant, éclairant fortement le corps d'Holopherne et s'atténuant ensuite au fur et à mesure qu'elle pénètre à l'intérieur : le guerrier penché sur le mort et le prêtre étonné sont deux figures nettement luministes, créées par une trame de fils minces et lumineux rappelant en quelque sorte les striures dorées des miniatures. Mais pour arriver à cette décomposition de la lumière en traits et en

La découverte du corps d'Holopherne – 1472-1473.

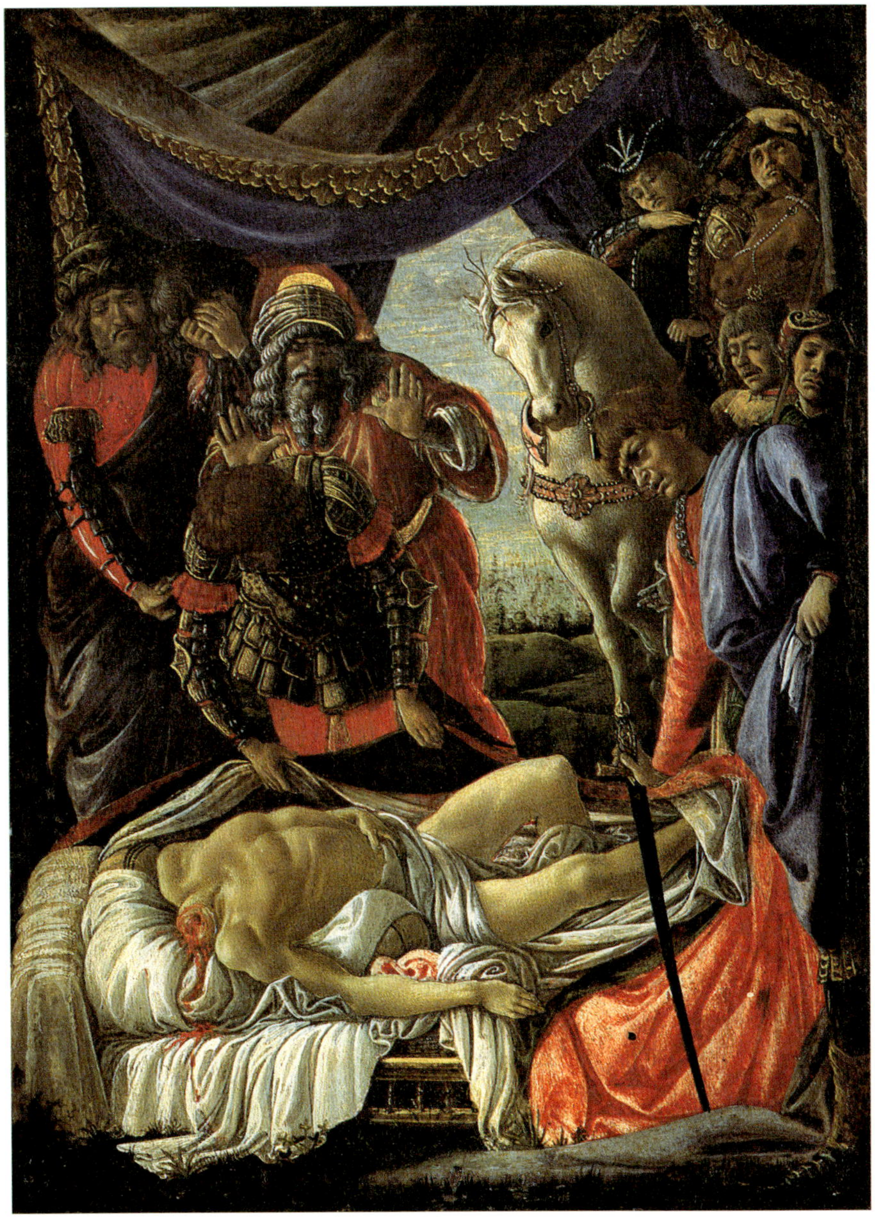

filaments, il fallait que le peintre crée une possibilité de tangence entre rayons et objets; il ne pouvait l'obtenir qu'en allant au-delà de l'identification entre lignes de perspective et rayons lumineux qu'avait réalisée Andrea del Castagno. Cela annule à la fois l'aspect intellectuel et optique de la perspective. N'oublions pas qu'à cette époque la perspective était entrée dans l'ordre des notions admises et ne se posait plus en problème. Ghirlandaio, par exemple, rend la vision perspective tout à fait «normale» et transforme sa peinture en un récit «en prose», ce qui justifie la réaction de Botticelli recherchant une peinture-poésie, essentiellement antiperspective. En effet, la vision poétique de Botticelli se fonde surtout sur l'écart qui la sépare d'une vision «normale». Dans le tableau dont nous venons de parler, la *Découverte du corps d'Holopherne*, la scène est construite par des lignes directrices diagonales et croisées qui empêchent les figures de prendre une place stable dans l'espace et les réduisent à des raccourcis qui n'ont rien à voir avec la perspective. Ainsi, chaque figure apparaît à nos yeux non plus enfermée dans le cadre rigide de la perspective, mais comme réalisée par le geste qu'elle accomplit, la phrase qu'elle prononce, la nuance de sentiment qu'elle exprime. C'est là une manière de faire de l'«histoire» sans succession logique ou naturelle et que l'on retrouve dans l'œuvre entier de l'artiste. Pour lui, l'*historia* n'est donc pas la reconstitution d'un fait ancien, mais une poétique et nostalgique évocation.

La date de *La Force* est certifiée. La série des dossiers de sièges destinés au Tribunal de la Mercatanzia avait été commandée à Piero Pollaiolo, cautionné par son frère, au mois d'août 1469. Au mois de décembre de la même année, *La Charité*, la première de cette suite de *Vertus*, était déjà terminée. Mais ceux qui avaient commandé cet ensemble ne furent probablement pas satisfaits de ce travail puisqu'ils demandèrent aussi un dessin à Verrocchio et, au mois de juin 1470, ils allouèrent, par l'entremise de Soderini, la figure de *La Force* à Botticelli. Celui-ci suivit naturellement la disposition générale que Piero Pollaiolo avait donnée à toute la suite, probablement sur les conseils de son frère, qui avait d'ailleurs fourni un dessin pour *La Charité*. A cette époque, Botticelli regardait autant l'art de Pollaiolo que celui de Verrocchio. Il reprend en effet le schéma formel de la statuette assise du saint Jean-Baptiste faisant partie de la Croix en argent de Saint-Jean, qu'Antonio Pollaiolo exécuta après 1457. Rappelons à ce propos que le tabernacle de cette Croix reproduit exactement la structure radiaire que Brunelleschi avait donnée à la lanterne de la coupole de Santa Maria del Fiore. De cette structure essentiellement perspective, il reste dans le tableau de Botticelli les volutes radiées et fortement galbées et la profonde embrasure de l'archivolte. De son côté, la figure placée de manière frontale, les jambes fléchies pour mieux accentuer la longueur du buste, se détache sur le fond en perspective; mais celui-ci ne l'encadre pas, il n'est qu'un simple élément de contraste. Cette architecture est donc une sorte de fond qui viendrait en avant, un paysage qui serait symboliquement traduit en termes architectoniques. Elle est «sensibilisée» dans chaque détail par une ornementation subtile et nerveuse, rappelant celle, plastique, de Verrocchio. Plus précisément, Botticelli veut donner à l'architecture, tout en conservant son élégance plastique, la variété et la mobilité de formes propres aux choses naturelles. Elle est là comme source lumineuse, créant, avec ses arêtes coupantes et ses profils nets, tout un jeu de lumières croisées et rasantes, qui donnent aux formes la dureté et la transparence du cristal.

En 1473, Botticelli peint pour l'église de Santa Maria Maggiore un *Saint Sébastien* où le thème même de la figure «héroïque» l'incite à se tourner vers l'art d'Andrea del Castagno. On retrouve l'écho de cette influence dans le visage et le corps modelés par plans lumineux, dans la transparence des formes, dans la position droite et frontale de la figure du saint. Mais, comme dans *La Force*, la valeur de l'image prévaut sur celle de la forme; c'est justement par la qualité poétique de l'image que le peintre parvient à unir le thème du héros et celui du martyr, le motif du saint chrétien et du dieu païen. Il n'y a plus de premier plan, il n'y a pas davantage de rapport de perspective entre la figure — qui se développe entièrement suivant la verticale — et le paysage lointain. Dans un tableau de même sujet que Pollaiolo peignit en 1475 environ, il existe un premier plan, où les figures des bourreaux donnent à l'œuvre son accent dramatique. Chez Botticelli au contraire, il s'agit bien moins de la représentation d'un drame que de la simple présentation d'une image. Le paysage au loin, plein de lumières sous le grand ciel, conserve encore — à travers le Pérugin peut-être — quelque faible écho de l'art de Piero della Francesca; mais l'intérêt tout particulier que l'artiste porte aux figures de l'arrière-plan, aux arbres et aux maisons, traduit en revanche un premier contact avec la peinture flamande. Que l'on observe d'abord la structure totalement antiperspective de cet arrière-fond de paysage: de tous côtés, c'est un foisonnement de lignes obliques, divergentes ou en zigzag, qui dirigent vers la figure centrale la lumière diffuse du fond. Cette disposition multiple de lignes directrices de perspective ou de lumière se retrouve dans les flèches qui percent le corps du saint. Ainsi, la lumière frappe, avec des incidences et des inclinaisons différentes, un corps qui n'est pas situé dans un espace défini; rendu transparent par l'opposition des rayons, il n'est même plus un corps (ainsi que l'entendait Alberti, c'est-à-dire un «objet qui occupe un espace»), comme du reste les lignes ne sont plus des contours (en pensant au sens que leur donnait Léonard de *termini del corpo*, limites du corps).

Même dans une scène à plusieurs figures, Botticelli se préoccupe davantage de l'unité de l'image que de la composition de l'*historia*. L'interprétation mondaine de l'*Adoration des Mages* comme un brillant cortège ou une joyeuse cérémonie n'était pas une nouveauté. Mais dans le *tondo* de la National Gallery de Londres, au lieu de décrire séparément les figures, Botticelli groupe celles-ci dans une sorte de triangle qui s'enfonce très profondément au loin et dont les lignes ont pour point de fuite la Vierge et l'Enfant. Là s'élèvent brusquement, très haut, les ruines d'édifices antiques, aux plans nets et aux arêtes coupantes. A droite, le paysage à l'arbre dénudé, le petit bois aux troncs clairs sous les feuillages sombres et le château lointain, constituent un fragment que l'on croirait sorti de quelque tableau flamand. Le ciel serein et les architectures blanches et brillantes éclairent le groupe et, une fois encore, les lignes, dans les figures, sont de minces fils de lumières. Le rythme du mouvement naît de la multiplicité des sources et de l'entrecroisement des rayons lumineux. La perspective ne relie pas les figures aux ruines ni au paysage. La forme circulaire du tableau, tout en rassemblant la composition au centre vers la Vierge et l'Enfant, ne détermine pourtant pas une coordination entre les différentes parties, qui sont au contraire nettement distinctes: d'une part le groupe des personnages situés sur un plan incliné, puis les

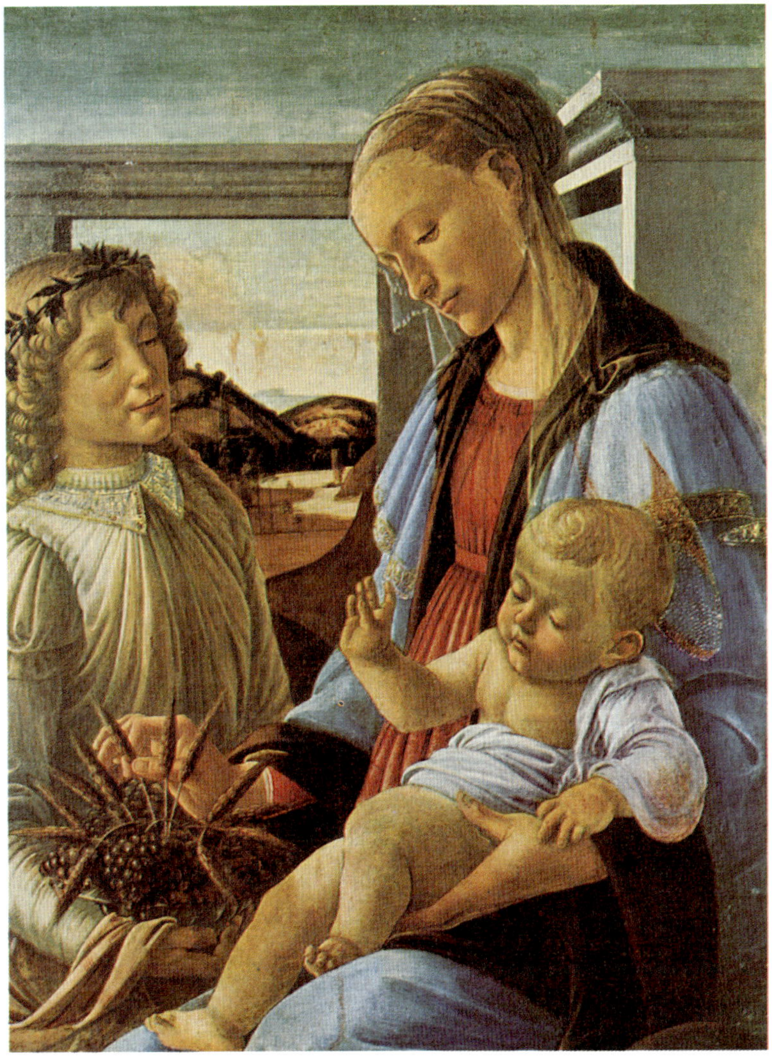

La Vierge de l'Eucharistie – vers 1472.

architectures qui forment comme un écran vertical, et enfin le paysage en profondeur. Au reste, on peut donner de chacun de ces éléments une explication idéologique. En premier lieu, les ruines sont une allusion très claire à l'Antiquité, à Rome; elles sont comme un rappel de la continuité existant entre le monde classique et le monde chrétien. Cette intention symbolique est accentuée par le fait que les édifices ont l'air moins en ruine qu'en construction. On dirait qu'ils sont là pour signifier que le monde classique peut fort bien renaître précisément grâce à l'événement qui ouvre pour le monde une ère nouvelle, où la société aurait des mœurs plus douces et plus humaines: cette société même qui se presse autour de la crèche. Le paon, oiseau exotique, rappelle que l'action s'est historiquement déroulée dans un pays d'Orient; mais la présence dans la foule de personnages habillés à l'orientale peut aussi rappeler les savants grecs qui exercèrent une influence si importante sur le développement de la culture néo-platonicienne, à laquelle Botticelli était profondément lié. Le paysage — quand l'hiver touche à sa fin et laisse déjà paraître les premiers signes du printemps — est lui aussi une allusion directe au rêve humaniste de la *renovatio*: la nature qui renaît, comme les architectures du fond et le groupe des personnages, sont autant de signes de la renaissance de la culture, de l'*humanitas*.

Botticelli reprend ce même concept, en l'accentuant encore, dans l'*Adoration des Mages* des Offices, de quelques années postérieure (vers 1475). Aux pieds de la Vierge est représenté Côme de Médicis, et tous les personnages sont des hommes de la cour ou de l'entourage des Médicis (le dernier à droite, se tournant vers le spectateur, est Botticelli lui-même). Le but social et commémoratif, sinon politique, de cette œuvre étant explicite, les allusions deviennent moins évidentes, réduites même à de simples rappels symboliques. Les arcs brisés de la Rome antique, au fond, ne sont là que comme autant d'«accessoires» sur une scène. Il n'y a plus de paysage et seul subsiste le paon pour évoquer l'Orient. Botticelli ne cherche plus à dissimuler que la représentation entière est fiction. C'est du reste à partir de ce moment que cette idée de «fiction» prendra une très grande place dans sa vision poétique. L'ensemble ruines-rocher-auvent, qui abrite le groupe de la Sainte Famille, est de toute évidence une véritable «machine théâtrale» où, comme toujours, chaque élément est une «partie pour le tout», une allusion et parfois nettement un symbole. Le thème de la nature est par exemple exprimé par l'écorce rugueuse des troncs, celui de la pauvreté par l'auvent près de s'effondrer, le thème de la ruine et de la *renovatio* est symbolisé par les touffes d'herbe et les fleurs poussant entre les fentes des rochers.

Le peintre qui le premier avait réuni autour de la vision miraculeuse d'un événement sacré tout un groupe de personnages doctes est Beato Angelico

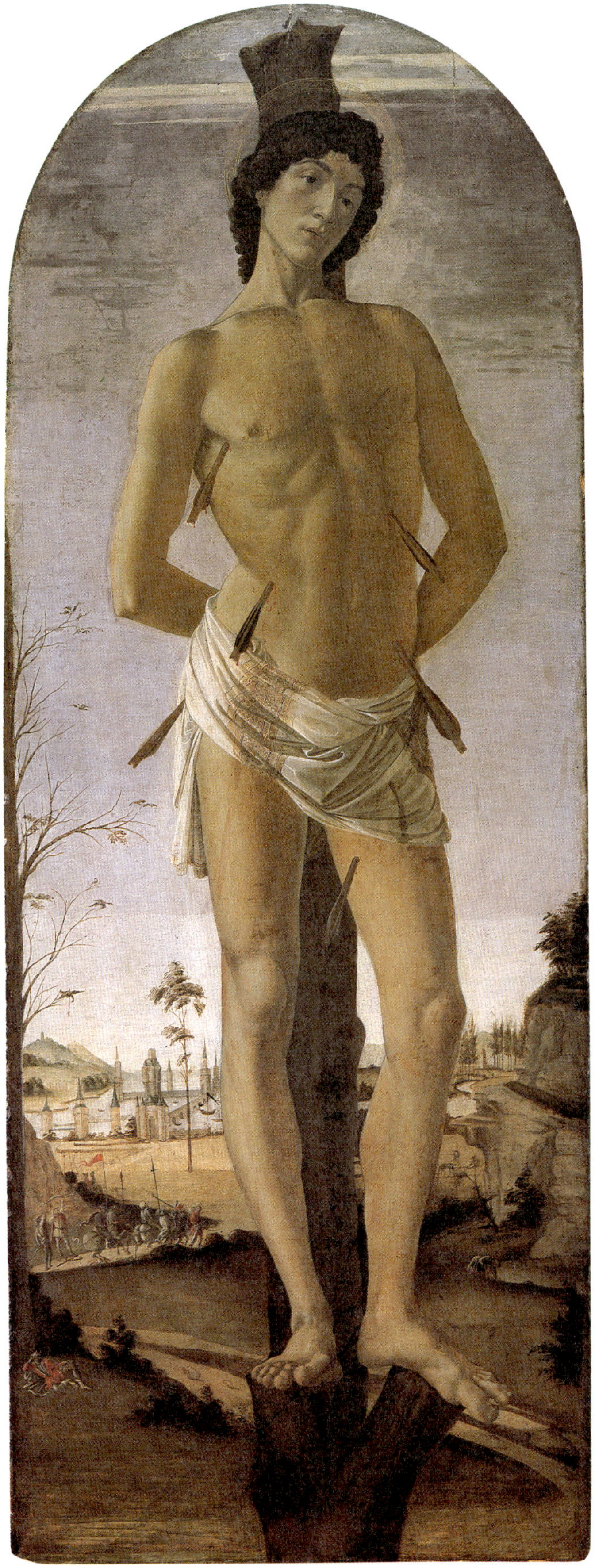

Saint Sébastien – 1473.

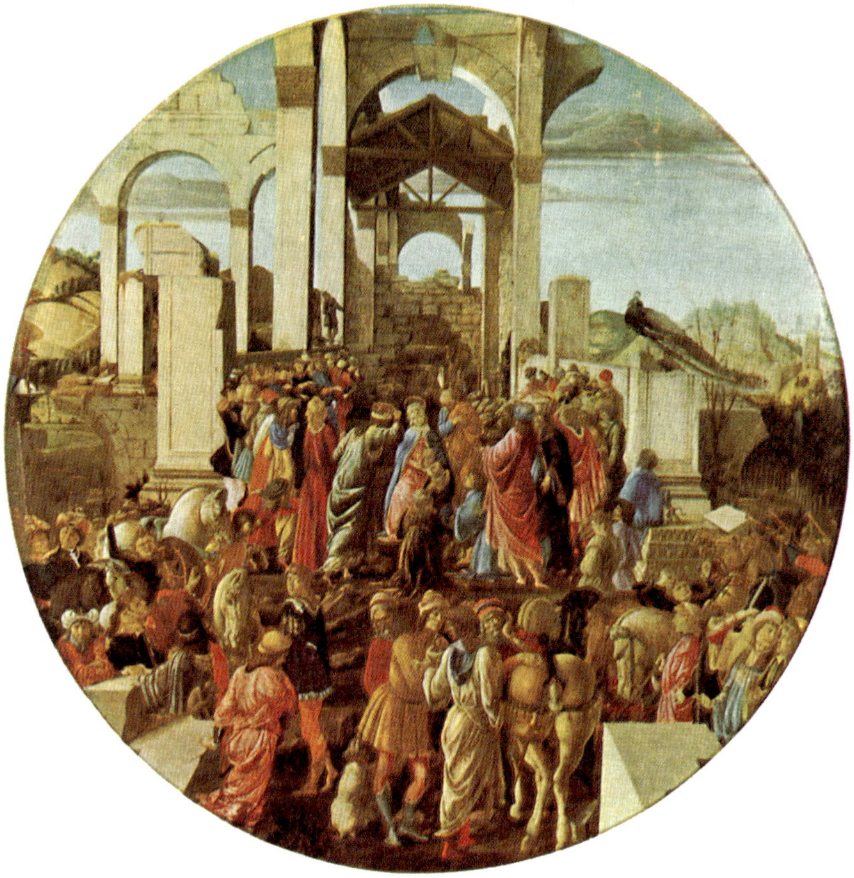

Adoration des Mages, tondo – avant 1475.

(qu'on se rappelle la *Déposition* de Saint-Marc, où l'on peut voir la figuration idéale de la *docta pietas*). Comme Botticelli, Angelico évoque le mythe par le rite; mais le candide naturalisme de son paysage fait allusion à la présence nécessaire du sacré dans ce continuel miracle qu'est la nature, tandis que chez Botticelli, l'intention commémorative et politique détruit l'élément «naturel» du rite et du mythe. Du reste, il n'essaie même pas de dissimuler le caractère artificiel et officiel que prend pour lui le rite: le thème sacré n'est plus au premier plan, mais au point de rencontre des lignes de fuite, et le mythe n'est plus évoqué «naturellement» mais intellectuellement. Angelico aussi avait sa thèse politique: il voulait faire de son naturalisme religieux un enseignement pour la haute bourgeoisie florentine afin de lui donner des bases, une structure, une fonction religieuses. Pour lui, religion et politique étaient donc inséparables, tandis que pour Botticelli, elles sont séparées, bien qu'en relation entre elles. Ses personnages ne sont pas les officiants d'un rite; leur action est un acte de dévotion et d'hommage. Comme Angelico dans sa peinture était soumis à sa mission d'apôtre religieux, de même Botticelli s'attache à la fonction commémorative et pédagogique de l'art, dont on peut même dire qu'il sera, au cours de la deuxième moitié du XVe siècle, le plus acharné défenseur. Mais au fait, contre qui ou contre quoi? Contre la conception de l'art comme pure spéculation, contre l'idéal de l'art-connaissance. Mais ici il faut encore distinguer.

Qu'une identité fût possible entre art et connaissance ou, mieux, entre art et science ou philosophie, cela avait été magistralement démontré par Piero della Francesca. Mais depuis quelque temps déjà la peinture florentine s'était éloignée de cette identité, avec Andrea del Castagno et Paolo Uccello, et plus sûrement encore avec Pollaiolo. Contre quelle conception plus récente Botticelli pouvait-il alors s'insurger?

Souvenons-nous que pendant ces années, et dans l'entourage même de Verrocchio, un autre grand artiste, Léonard, s'opposait à la philosophie formelle de Piero della Francesca en choisissant une voie toute différente de celle de Botticelli. Léonard aussi pensait que la peinture ne pouvait être fonction de la connaissance et qu'elle devait être nettement séparée de la science. Mais il établit une relation inévitable entre l'art et tous les aspects du visible, l'art allant jusqu'à révéler ce qui, pour n'être pas immédiatement visible, n'en est pas moins réel, devenant ainsi une enquête et une recherche, voire même la recherche du «beau» que l'on suppose répandu dans la réalité. Le rapport entre Botticelli et Léonard ne se borne donc pas au simple fait qu'ils furent tous deux dans l'atelier de Verrocchio. Entre ces deux hommes, de puissance égale mais de signe contraire, existe une sorte d'attraction et de répulsion réciproques. On dirait presque que chacun d'eux essaie de définir sa propre position par rapport à l'autre et en opposition avec lui.

Quelques-uns des points principaux qui mettent en contraste les deux artistes ressortent clairement des écrits de Léonard. Celui-ci nous dit, d'une manière très polémique, que Botticelli n'aimait pas faire des paysages, car il prétendait «qu'une éponge pleine de couleurs jetée sur le mur laisse une tache où l'on voit un beau paysage», et c'est pour cela, ajoute Léonard, que Botticelli fit «de fort mauvais paysages» *(fece tristissimi paesi)*. Léonard quitta Florence en 1481 et quand il y revint, ce fut le commencement de sa lutte idéologique avec Michel-Ange (qui, en un certain sens, prolongeait celle qui l'avait opposé à Botticelli). Il est presque certain qu'il ne se préoccupa plus guère alors de ce que peignait Botticelli, à ce moment dominé par son zèle religieux. Le propos de Léonard que nous rapportons se réfère donc à la première période florentine et il est facile de voir que Botticelli, en parlant ainsi, ne lançait pas une simple boutade, mais visait Léonard dans sa manière de peindre les paysages. Celui-ci d'ailleurs comprit fort bien l'allusion; il y réfléchit tant et si bien qu'il finit par élaborer toute une théorie au sujet des taches sur les murs et du rôle qu'elles pouvaient avoir sur l'imagination de l'artiste. Pourtant, les œuvres que Botticelli peignit entre 1470 et 1480 montrent un merveilleux talent du paysage: quand donc Léonard affirme qu'il en «fit de fort mauvais», il critique bien moins une déficience du peintre que sa manière de concevoir le paysage, ou plus exactement il critique cette manière intellectuelle ou artificielle de le composer, qui donnait à chaque élément une signification conceptuelle ou symbolique.

Dans le débat entre les deux artistes venait s'ajouter la question, si actuelle alors, de la peinture flamande, que tous deux appréciaient beaucoup, mais de manière très différente. Pour Léonard, elle était une vision directe et sans préjugés du vrai, un empirisme exempt de tout schématisme perspectif. Pour Botticelli (et il anticipait l'antithèse de Michel-Ange entre nature et idée), elle représentait simplement la «nature», elle était l'antithèse dialectique — et partant le complément nécessaire — de sa conception de l'art comme *humanitas*, comme culture ou civilisation.

Sans trop vouloir approfondir la question des œuvres de Léonard avant 1480 et nous reportant simplement au fait certain qu'il travailla dans l'atelier de Verrocchio, il est évident que le raisonnement pictural de Léonard part lui aussi de la question du rapport ligne-lumière. Cela est du reste pleinement confirmé par l'*Annonciation* des Offices et par les parties qu'il peignit dans le *Baptême* de Verrocchio. Son point de départ est donc très proche de celui de

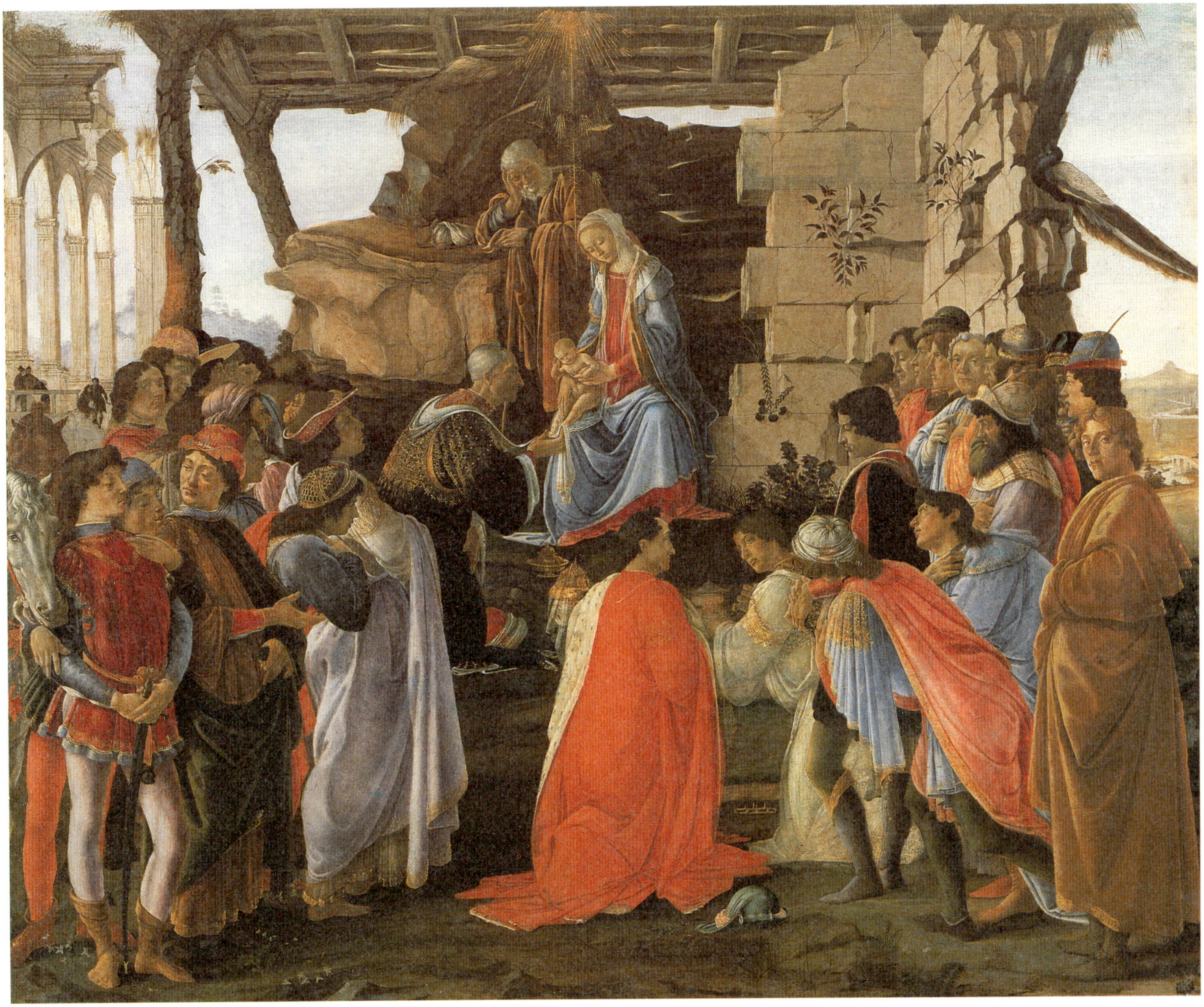

Adoration des Mages – 1475.

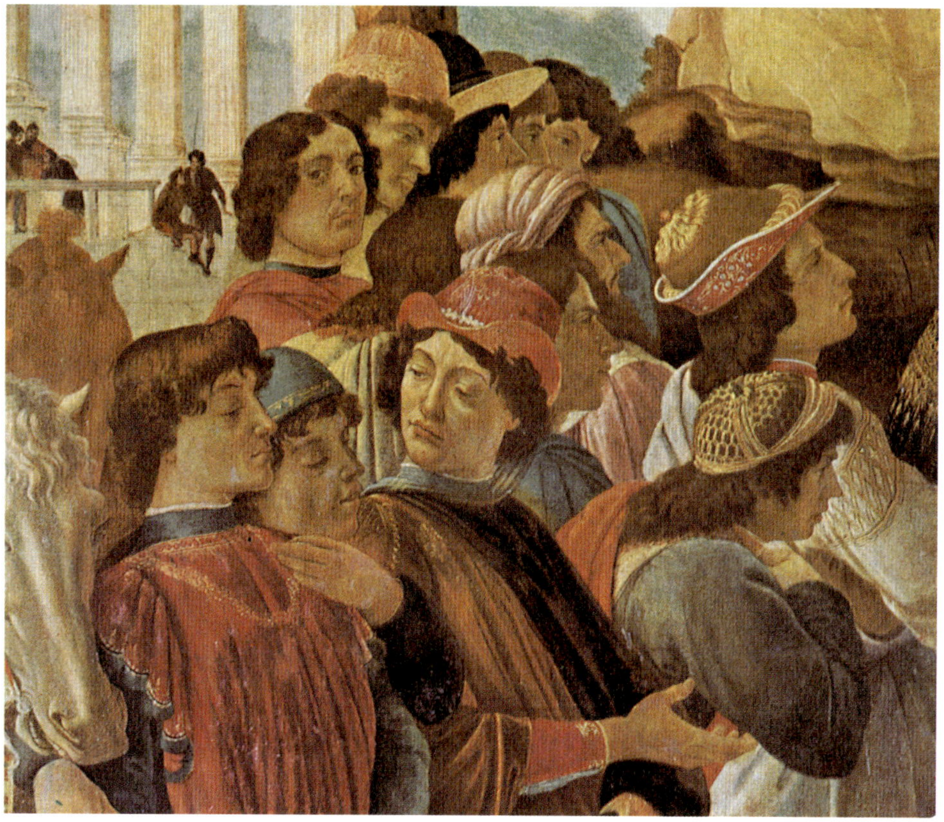

Adoration des Mages, détail – 1475.

Botticelli. On a beaucoup discuté (et, en ces termes, la question était mal posée) pour savoir si l'attitude fondamentale de Léonard était néo-platonicienne ou aristotélicienne. Mais ce qui est historiquement certain, c'est que Léonard, tout en accueillant plus tard certaines suggestions aristotéliciennes, part de la culture néo-platonicienne, qui dominait à Florence dans la seconde moitié du siècle. Enfin, sa vision poétique est, comme pour Botticelli, celle du *furor*, c'est-à-dire de l'inspiration et non de la contemplation ou de la spéculation. Mais si Botticelli se réfère au *furor* de Marsile Ficin (tension, aspiration religieuse, amour, élan vers la transcendance), Léonard, lui, l'interprète comme l'angoisse de l'expérience, la fièvre de la recherche et de l'analyse. Il distinguait la science, qui tend à la vérité, de l'art, qui tend vers le «beau», et même en assignant cette fonction à l'art, il rejoint Botticelli.

Mais tandis que celui-ci ne croit pas à la possibilité d'une connaissance positive, Léonard l'affirme; si bien que le «beau» se situe pour l'un hors de la réalité et de l'expérience et, pour l'autre, précisément dans l'expérience et la réalité. S'identifier à celle-ci, à son mouvement et à son continuel devenir, c'est là le *furor* de Léonard.

Autoportrait (Adoration des Mages) – 1475.

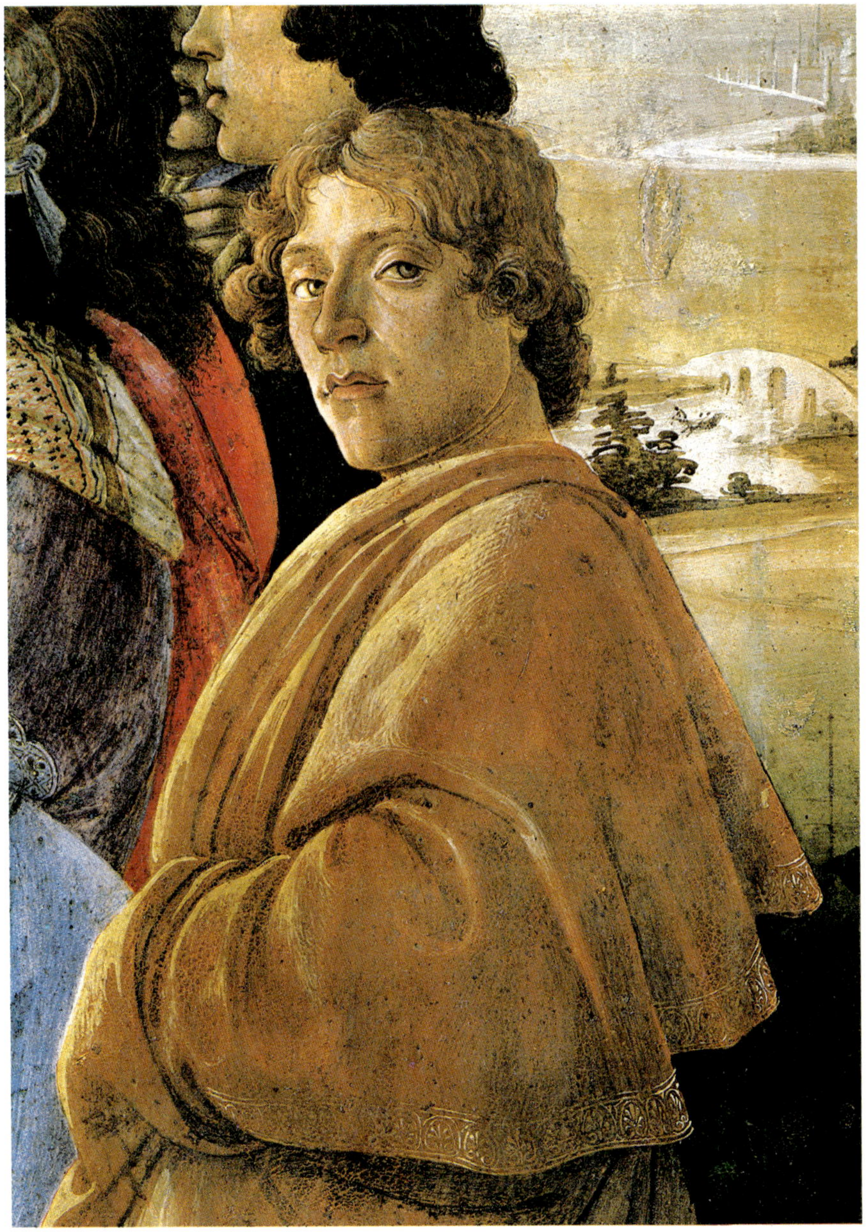

En ce qui concerne le problème de la lumière, Botticelli, aussi bien que Léonard, part de la thèse néo-platonicienne qui en faisait une gradation de valeurs allant «de la lumière invisible de Dieu *(Deus lux summa luminum)* aux ténèbres de la matière, où la lumière paraît s'éteindre jusqu'à mourir» (E. Garin). Ni l'un ni l'autre ne semblent se demander quelle est la réaction de l'esprit humain devant le phénomène lumineux et, si leurs solutions sont opposées, ils évitent tous deux le dualisme source-écran. Botticelli résout, dans le sens «spirituel», le problème de la lumière, dont il met en valeur le caractère transparent ou diaphane, par l'élimination de toute substance matérielle. Il affine la matière jusqu'à ce *minimum* (suprême expression de l'esprit et de la spiritualité humains) qui peut s'identifier à la lumière, c'est-à-dire la ligne. Léonard par contre cherche dans l'atmosphère la matière la plus proche de la substance de la lumière, le véhicule sans lequel la lumière serait immobile, invisible et non transmissible; il résout donc le problème dans le sens de l'opacité et de la pénombre. La solution de Botticelli est purement intellectuelle, celle de Léonard se fonde sur l'expérience.

L'opposition de la vision de Botticelli et de Léonard ressort clairement de la confrontation de deux œuvres exécutées presque à la même époque, vers 1475: *L'homme à la médaille* de Botticelli et le portrait dit de *Ginevra Benci* de Léonard. Botticelli veut éviter que la figure soit un corps solide et opaque dans l'espace, qu'elle fasse écran à la lumière et qu'elle se construise par opposition de plans clairs et foncés. D'autre part, il ne veut pas davantage que la lumière du fond pénètre la forme diaphane du visage, par transmission directe, de manière «naturaliste». Il se sert alors de la masse sombre des cheveux pour isoler le visage. En outre, il peint au fond, à gauche, un cours d'eau dont les rives découpées suivent, contre toute raison perspective, le contour de la figure; c'est donc grâce au contraste entre les rives foncées et les eaux scintillantes que la lumière est portée au premier plan, effleurant aussi le haut des plis du vêtement et le visage. La lumière, que l'on imagine venir de l'avant du tableau, se reflète et rebondit grâce à la médaille d'or, puis elle est rejetée dans plusieurs directions sur le visage par le raccourci nerveux des mains contractées. Complexe et habilement dissimulée, cette construction luministe par rayons réfléchis et indirects doit nécessairement se traduire dans

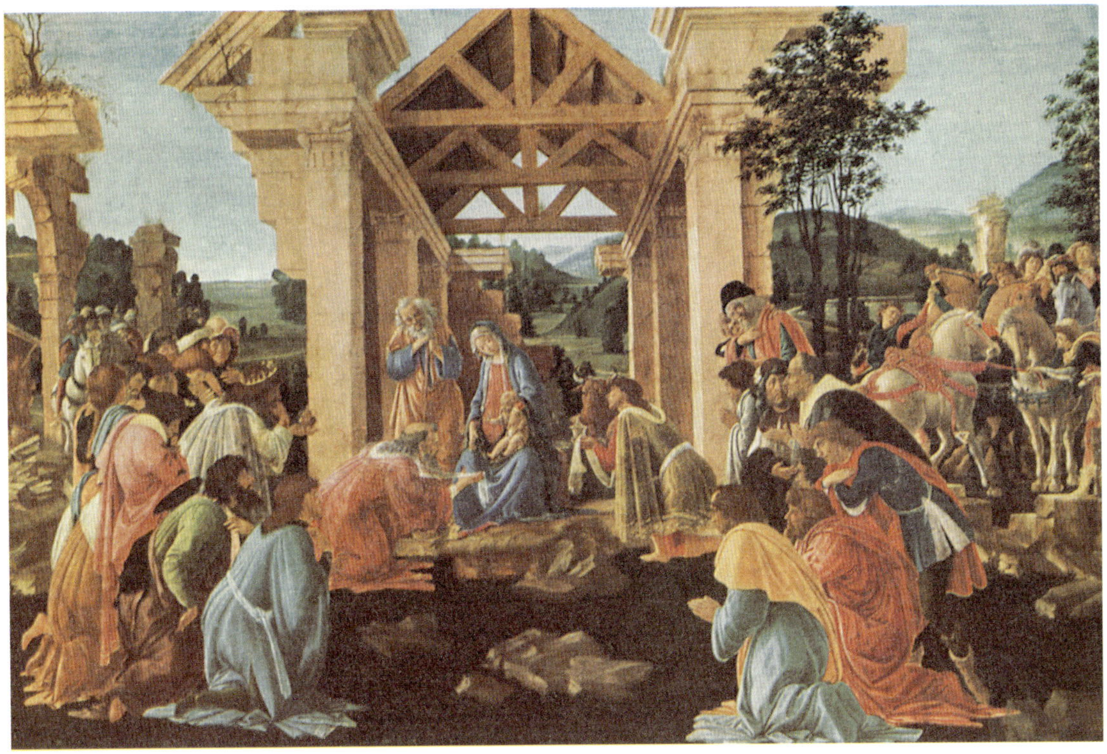

Adoration des Mages – 1481-1482.

une construction par la ligne. Que ce soit dans le fond, dans la découpe accidentée des rives, dans le visage, dans le contour si sensible de la joue se détachant sur les cheveux foncés, la ligne marque toujours la séparation entre deux zones de couleurs de qualité lumineuse opposée. Cette œuvre, où la lumière provient du contraste entre clair et foncé, révèle mieux que n'importe quelle autre l'origine luministe du «fait linéaire», qui est à la base du style de Botticelli. Il serait donc absurde de parler d'une ligne qui naîtrait et évoluerait comme simple signe ou abstraction graphique: sa ligne résulte de la lumière et de l'espace, elle est le terme intellectuel par lequel s'élimine toute matière, la matière même (que l'on ne peut méconnaître) de l'espace et de la lumière. On observe aisément que la multiplicité et la divergence de directrices lumineuses ont pour conséquence, dans le visage, un déplacement des axes, une dislocation anormale des volumes et des plans, enfin une évidente asymétrie des formes. La ligne ne parvient jamais à enfermer une

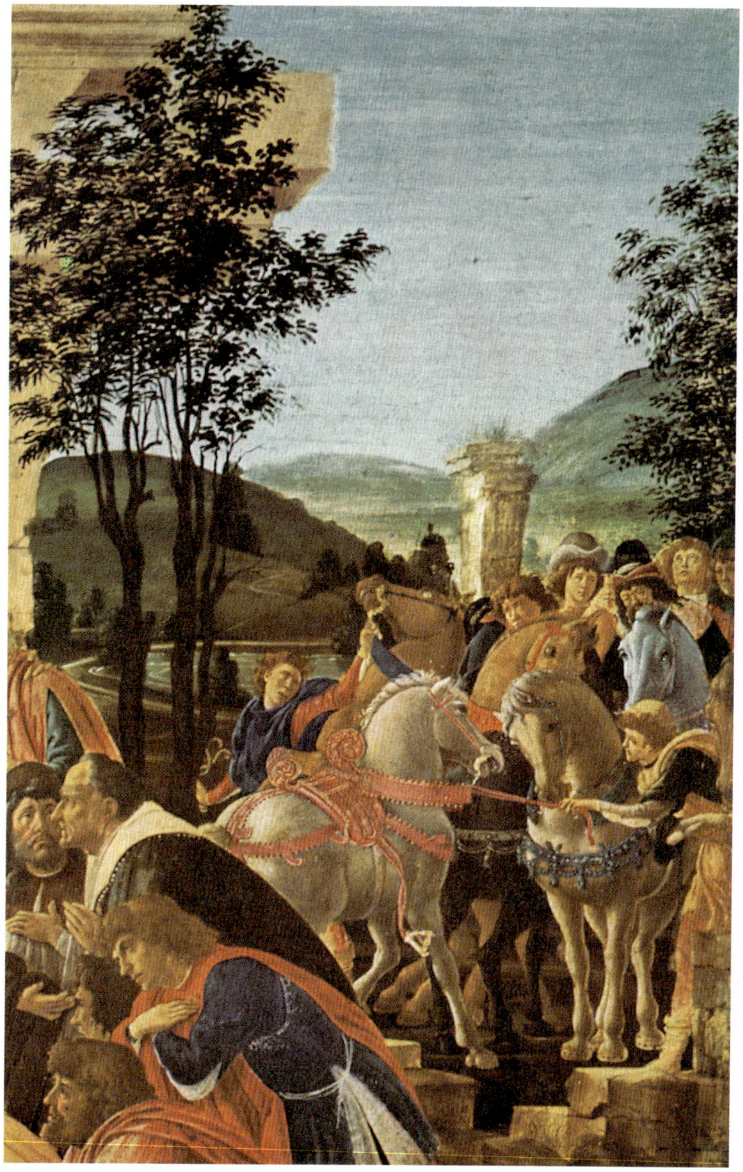

Adoration des Mages, détail du paysage – 1481-1482.

forme, elle n'est donc jamais «limite» ou contour. Il en découle cette continuité ou ce mouvement alterné d'interruptions et de reprises qui est justement le rythme, soit l'opposé de la proportion comprise comme équilibre ou symétrie perspective.

On pourrait dire le contraire du portrait dit de *Ginevra Benci*. Le bosquet de genévrier (même s'il est un emblème rappelant le nom du personnage) est un écran qui filtre la lumière, dose sa diffusion entre le paysage de l'arrière-plan et le visage, dont les contours doux, les volumes atténués, les formes arrondies en facilitent une distribution uniforme et une pénétration constante. A l'encontre du portrait nerveux et inquiet de Botticelli, celui-ci est si tranquille et détendu qu'il fut attribué à Lorenzo di Credi, bien que ce peintre n'ait jamais atteint une telle qualité. Léonard en effet ne trouvera sa vision poétique du *furor* que quelques années plus tard, vers 1480, au moment de sa recherche passionnée du rapport espace-lumière.

Son *Adoration des Mages*, restée inachevée, est l'œuvre type née du *furor*. Si l'on se rappelle le schéma de composition auquel eut recours Botticelli dans l'*Adoration des Mages* des Offices, on voit tout de suite que Léonard l'a inversé. Chez Botticelli, le groupe de la Vierge et de l'Enfant est situé au point le plus lointain et surmonte les personnages disposés en guirlande. Léonard met la Vierge tout en avant, au milieu même du groupe massé et tumultueux qui crée autour d'elle un tourbillon agité et indéfinissable de masses de lumière et ombre. Les ruines se perdent dans le lointain, où cette vague de figures trouve une ouverture perspective. Les personnages ne sont plus des images de la «civilisation» placés dans un paysage parmi des images de la «nature»; ils se perdent au contraire dans la vibration atmosphérique et lumineuse qui enveloppe chaque chose. Certes, ni Botticelli, ni Léonard ne voulaient peindre une *historia*. Botticelli évite de localiser le récit dans le temps et dans l'espace en multipliant les allusions dans les architectures et les costumes. Léonard renonce à toute allusion ou indication «historique», même dans les vêtements des personnages. Et pourtant l'action semble bien plus «présente» que chez Botticelli: il ne s'agit pas d'un fait historique, mais naturel, il a lieu dans un temps qui n'est pas celui de l'histoire, mais celui des phénomènes naturels; et ce temps même, inséparable de l'espace, se manifeste à nos sens en assumant la réalité incontestable du phénomène.

C'est la raison pour laquelle Léonard reproche à Botticelli de ne pas tenir compte de la perspective, lui qui pourtant en changera radicalement la conception. «Sandro, tu ne nous dis pas pourquoi les deuxièmes choses ont l'air plus basses que les troisièmes. L'œil placé entre deux lignes parallèles ne les verra jamais d'une si grande distance qu'elles puissent paraître concourir à un seul point» *(Sandro tu non dì perchè tali cose seconde paiono più basse che le terze. L'occhio infra due linee parallele, non le vedrà mai per nessuna si gran distantia, che esse linee concorrino a un punto)* (Cod. Atl. 120 r.). Il y a donc dans cette phrase deux affirmations qui semblent à première vue se contredire. D'une part, dit-il, si dans un tableau il n'y a pas de perspective, on n'arriverait pas à comprendre que des choses proches puissent paraître plus basses que des lointaines. D'autre part, la perspective théorique selon laquelle deux droites parallèles se rencontrent en un point ne correspond pas à l'expérience visuelle. Ce sont là deux cas limites. L'un est la négation de la gradation perspective; l'autre l'application intégrale de la perspective théorique qui conduit en fait à la négation de la vision spatiale. La représentation spatiale de Botticelli oscille invariablement entre ceux deux extrêmes. Elle évite systématiquement aussi bien l'illusion de la profondeur que la représentation spatiale de la forme. A la perspective du trône dans *La Force*, des rives du fleuve dans *L'homme à la médaille* ou du rivage dans la *Naissance de Vénus*, s'opposent dans d'autres œuvres, comme le *Printemps*, des solutions carrément antiperspectives. L'espace, réduit au plan ou schématisé dans les lignes de la perspective théorique, n'a plus de profondeur effective, de même que les figures n'ont ni le rehaut du volume ni celui de la masse. Comme elles, l'espace devient image, symbole.

A l'époque de la réalisation du *Printemps*, en 1478 environ, Botticelli et Léonard étaient à Florence les deux peintres «d'avant-garde», et tous deux étaient sans doute fort occupés à lutter contre ce qu'on peut appeler la «tradition éclairée» de Baldovinetti et l'expression solide et prosaïque de Ghirlandaio. Ces circonstances peuvent aider peut-être à définir dans le *Printemps* son sens caché, qui va au-delà du programme humaniste. Celui-ci a été fort pertinemment expliqué par Gombrich qui en a éclairé plusieurs points importants. On sait maintenant par exemple que la source classique de cette œuvre est un passage d'Apulée, que la signification de la représentation est la *Venus-Humanitas*, et que l'artiste s'est aussi inspiré de très près d'un passage de Marsile Ficin. Le *Printemps* est donc une œuvre qui comporte un caractère

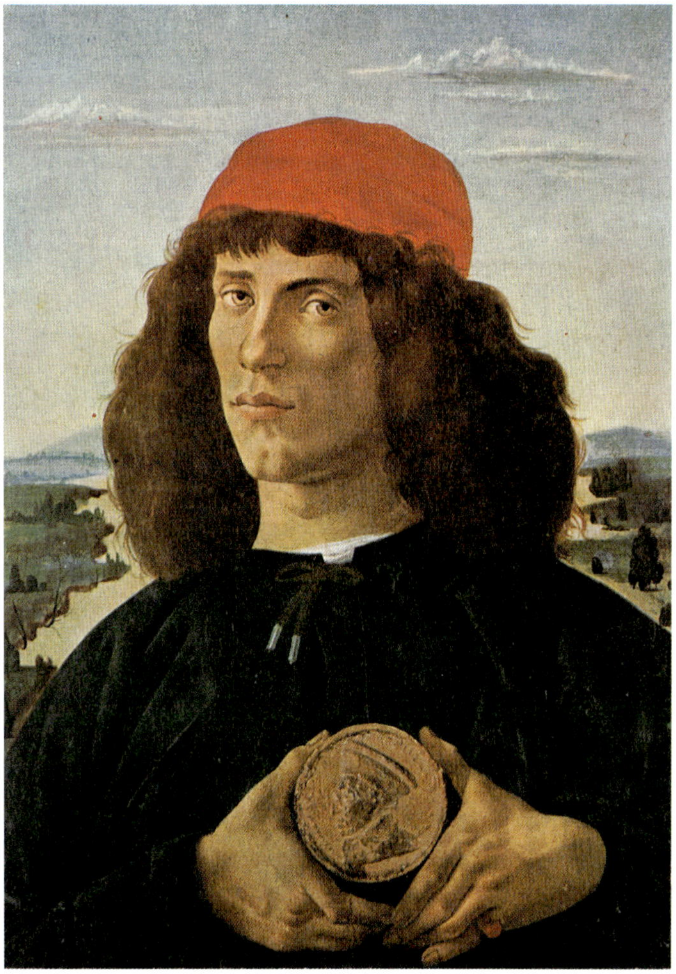

L'homme à la médaille – vers 1475.

d'*ekphrasis*, elle est en relation étroite avec les peintures réelles ou imaginaires que l'on trouve souvent décrites dans les textes classiques. Cependant, sans sous-estimer aucunement le fait que ce tableau, comme plus tard la *Calomnie d'Apelle*, n'est pas une représentation directe, mais une sorte de rétroversion — une image reprise de la description littéraire d'une ancienne peinture connue — nous ne voudrions pas nous attarder sur ce point ni sur les multiples allusions et symbolismes qu'elle comporte, ni sur l'évident contraste qu'elle forme avec l'*Adoration des Mages* de Léonard, quasi contemporaine. Ce que nous voudrions au contraire mettre en lumière, c'est le conflit qui

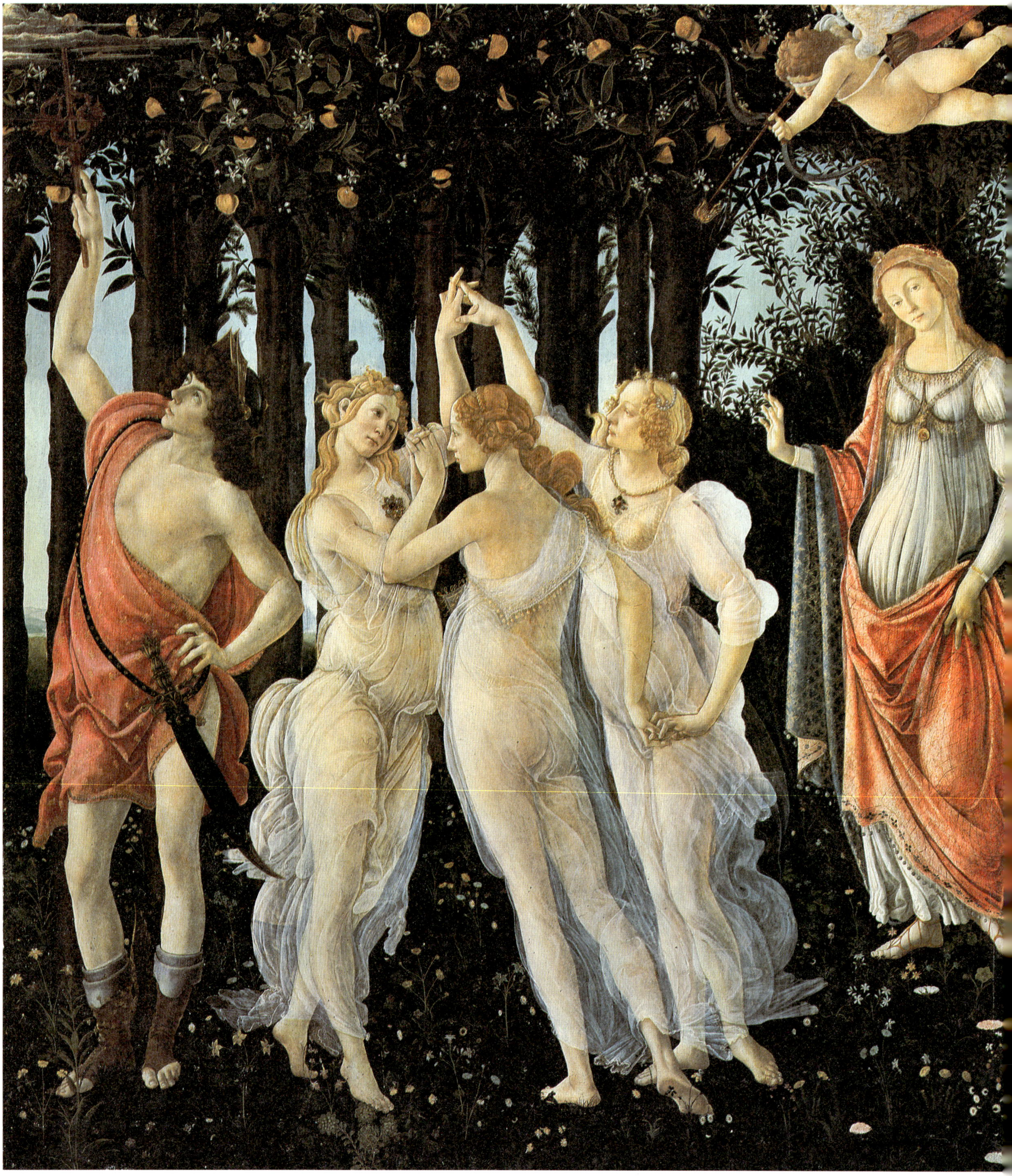

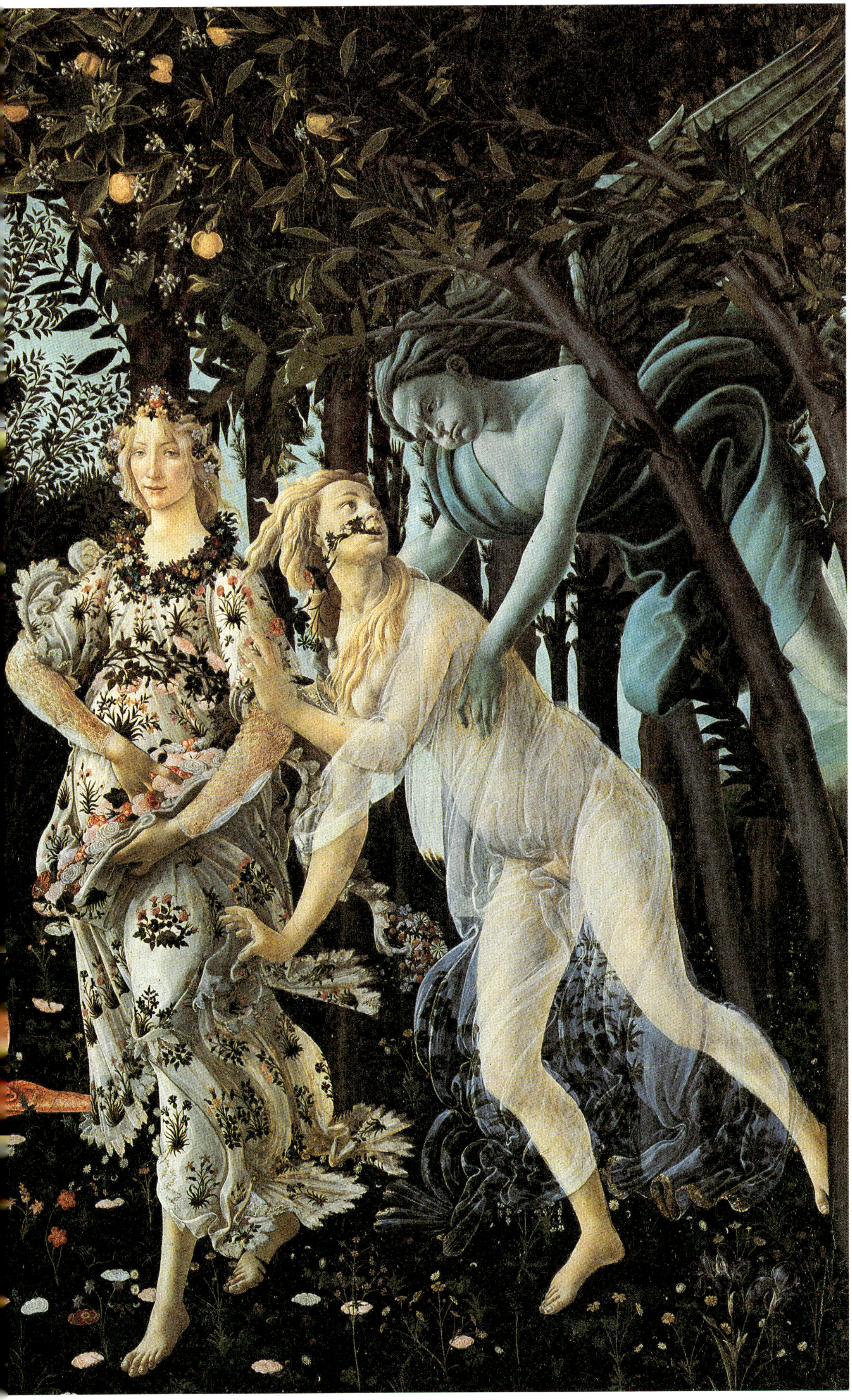

Le Printemps – vers 1478.

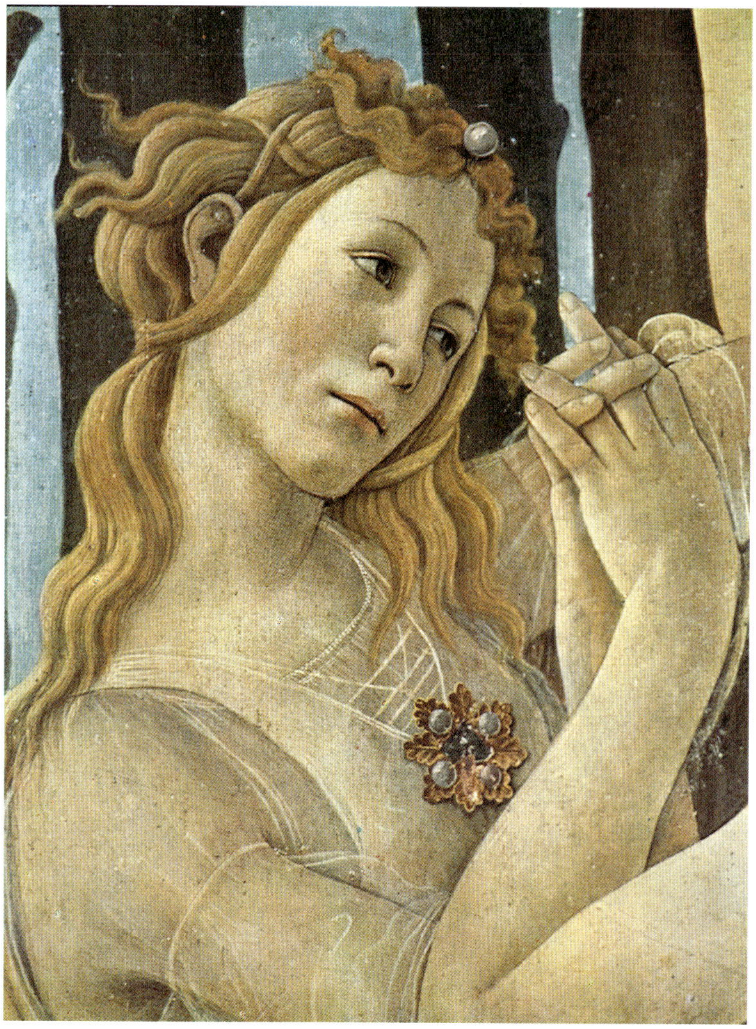

Le Printemps, détail des trois Grâces – vers 1478.

avait alors commencé à séparer Léonard et Botticelli à propos de la perspective, conflit qui incita peut-être Botticelli à s'enfermer, dans ce tableau, dans une attitude polémique, jusqu'au point d'en tenter une réalisation purement aperspective.

Dans le *Printemps*, comme jadis dans son *Adoration des Mages*, Botticelli place l'image principale plus loin que toutes les autres; c'est elle qui termine la figuration, c'est à elle que l'on parvient grâce aux images collatérales. Mais ici, l'ancienne distribution perspective n'est plus qu'un lointain souvenir,

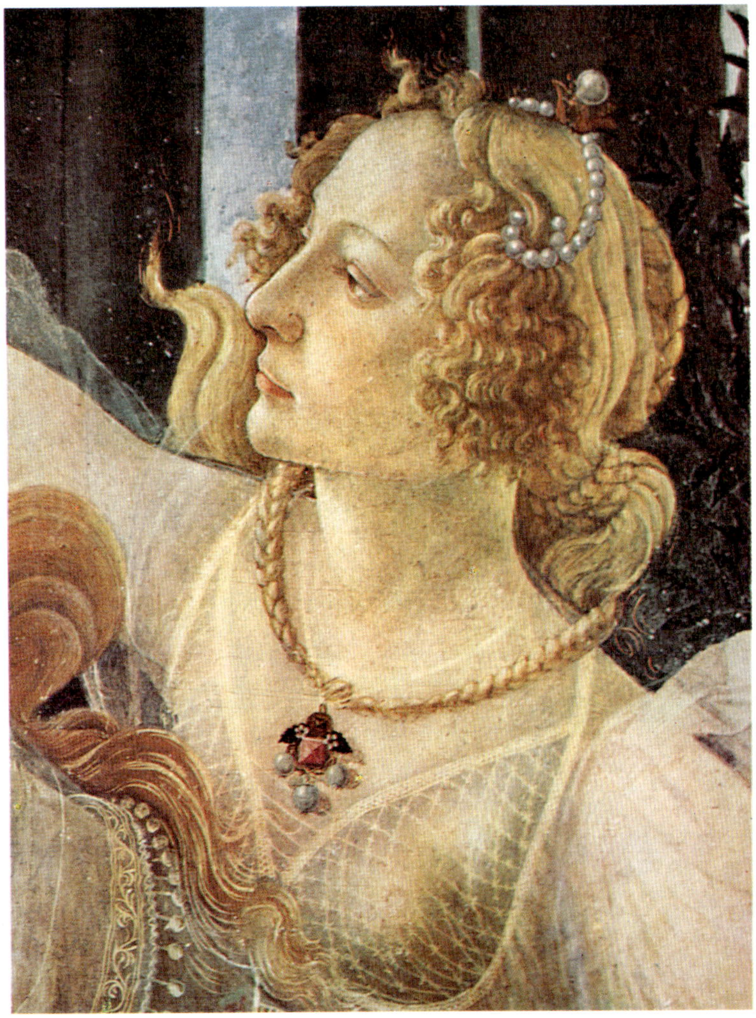

Le Printemps, détail des trois Grâces – vers 1478.

tandis que se fait clairement jour une recherche de rythme continu qui trouve dans la figuration centrale son point culminant, sa césure. La composition semble chercher, dans son rythme, le mètre et la rime d'une poésie, voire d'une poésie de Politien ou de Laurent le Magnifique. Les figures forment moins des groupes que de véritables «stances» et suivent l'alternance mélodique d'une chanson. A l'arrière-plan, la cadence est scandée en pauses inégales par la succession des troncs parallèles qui se profilent sur le ciel clair, tantôt gros, tantôt minces. Cette variation n'a plus aucun rapport avec les règles de la perspective et l'on pourrait à ce propos se demander si Léonard, lorsqu'il écrivait: «Sandro, tu ne nous dis pas pourquoi les deuxièmes choses semblent plus basses que les troisièmes», n'a pas voulu faire allusion, sinon justement à cette peinture, du moins à cette manière de situer les images dans cette sorte de «continu» spatial. Ajoutons que le pré fleuri est comme un plan incliné rattaché à l'arrière-fond sans profondeur. Il semble alors évident que le peintre ait véritablement voulu faire une sorte de tableau-tapisserie, une *tabula picta*; il cherche à traduire une image purement mentale dans une figuration à deux dimensions, et non une représentation qui donnerait l'illusion de la profondeur. Les figures aussi se soumettent à cette disposition de non-profondeur; elles s'alignent au lieu de s'étager et sont comprises dans un espace restreint et indéterminé. Même le mouvement, n'ayant pas d'espace pour se développer et ne se rapportant pas à une action précise, devient, lui aussi, «fictif». Dans le groupe des trois Grâces, par exemple, le mouvement des corps est à peine indiqué par l'inclinaison des figures et n'aurait aucun sens s'il n'était repris et amplifié par le gonflement des voiles qui voltigent. Alberti déjà, puis Léonard, avaient parlé de ce principe classique suivant lequel les voiles gonflés par le vent servaient par leurs larges courbes à lier la figure à l'espace, établissant ainsi entre elle et la nature un rapport vivant; que l'on se rappelle à ce sujet le thème classique de l'*Alma Tellus*.

Mais dans la peinture de Botticelli où la nature est pleine de significations symboliques, ce lien acquiert encore un autre sens: c'est une manière de trouver une médiation entre l'image d'une humanité qui cherche à se confondre avec la nature (ou à en devenir l'allégorie) et l'image d'une nature qui tend à prendre l'aspect de l'*humanitas*. Jamais, autant que dans ce rythme, n'a été présent le souvenir de l'art d'Agostino di Duccio. Comme dans ses bas-reliefs, le mouvement des voiles semble se dérouler sur un seul plan ou en tout cas dans un minimum de profondeur, et comme chez Agostino di Duccio encore, les allées et venues de la ligne tendent à affiner la matière, à lui donner la substance impondérable de la lumière ou, plus exactement, à *se faire* lumière et non à *recevoir* la lumière. Si les figures atteignent une diaphanéité presque absolue, c'est à travers les rythmes linéaires qui paraissent dictés par les transparences des voiles. Au moment où la ligne semble

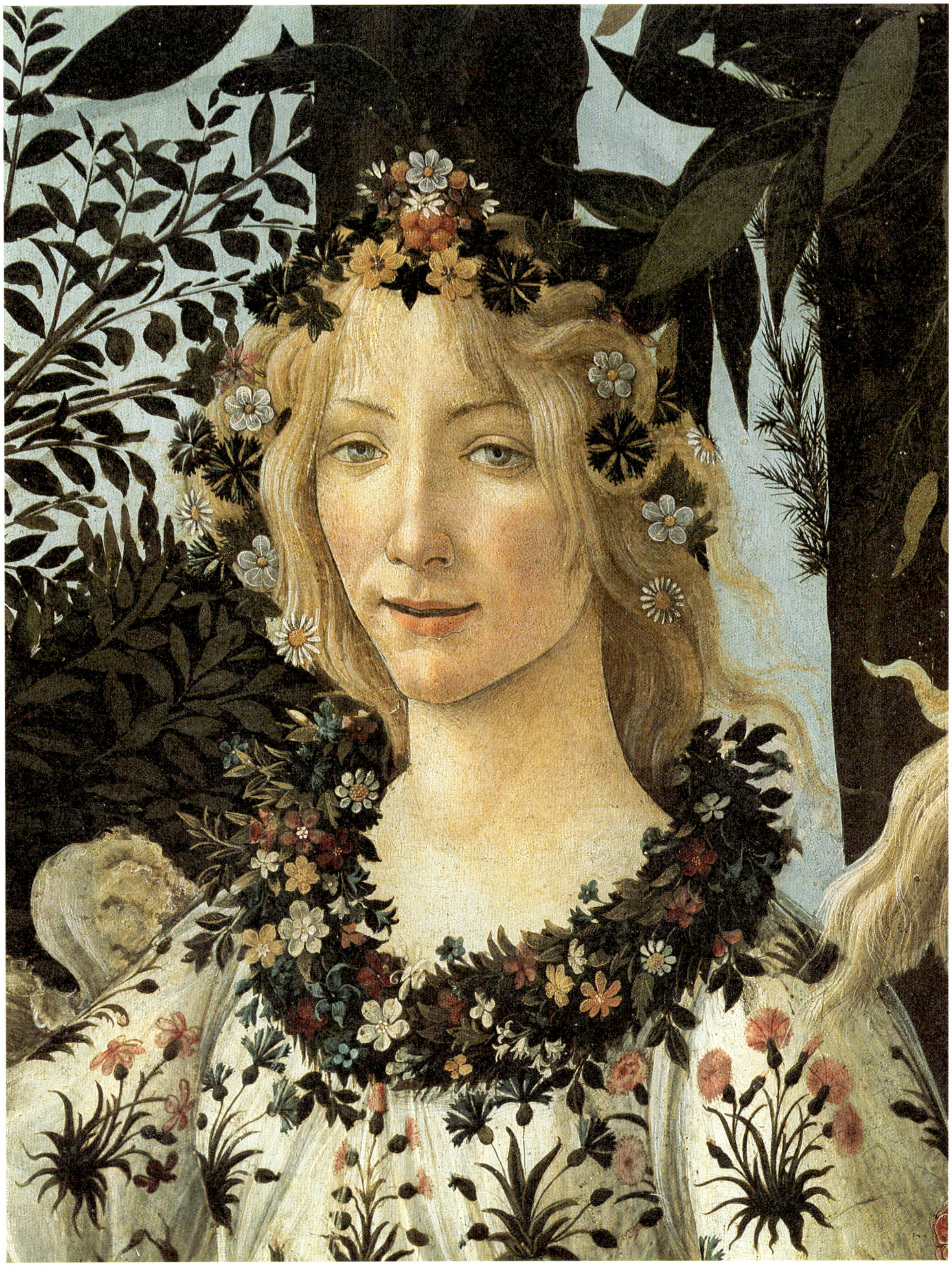

Le Printemps, détail – vers 1478.

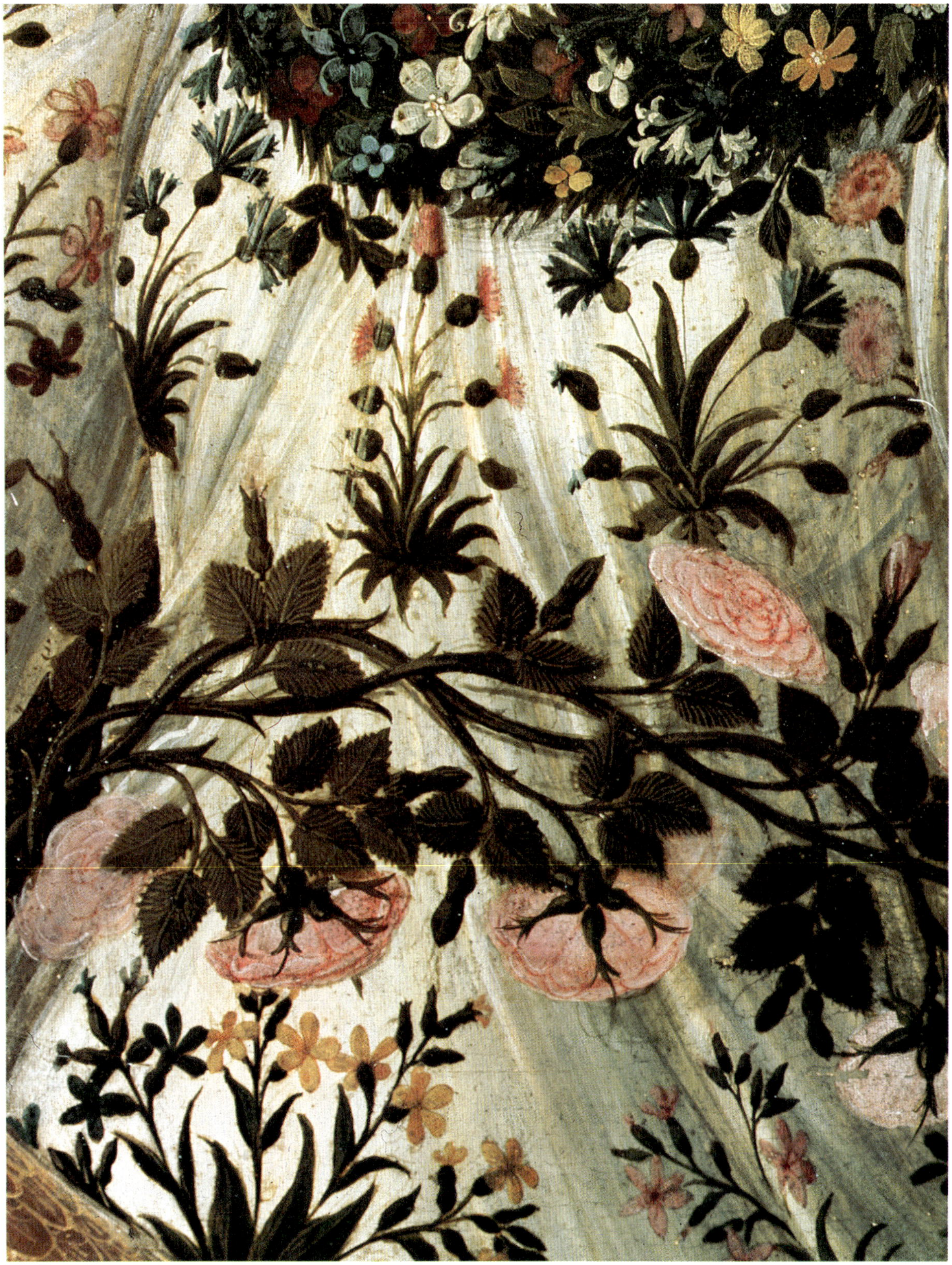

Le Printemps, détail – vers 1478.

atteindre sa plus pure qualité graphique, elle se révèle comme la détermination extrême de la lumière. Lumière aussi «intellectuelle» qu'elle avait été «mystique» chez Angelico dans les fresques de Saint-Marc. Lumière enfin, détachée — comme le voulaient les néo-platoniciens — de toute matière.

Pour la première fois, on voit que les figures ne sont plus définies par une ligne mais par plusieurs, par un faisceau de lignes, où il est difficile de savoir laquelle détermine véritablement le contour du corps. Léonard aussi «savait que le contour du corps n'est pas une ligne» et que «la ligne peut suggérer deux choses: ce qu'elle contient ou ce qui la contient, c'est-à-dire le corps qu'elle délimite ou l'atmosphère qui limite le corps» (Lionello Venturi, *La critica d'arte e Leonardo da Vinci*, Bologne, 1919). Dans ses dessins aussi, il y a toujours plusieurs lignes sans que l'on puisse jamais définir laquelle est la limite du corps. Mais la nature pour Léonard est un mouvement physique de masses lumineuses et atmosphériques, de sorte que s'il a recours à une multitude de traits, c'est pour mieux traduire les changements de la forme dans les continuelles variations de l'atmosphère. Quant à Botticelli, il nie ou délaisse l'aspect physique du corps et de l'espace. L'un et l'autre sont pour lui de pures images, et l'image ayant des contours aussi changeants que ses significations, un trait unique ne suffit pas à la définir. Même quand la ligne semble continue et unique comme dans la figure de Mercure, elle n'est pas «limite du corps», ni ne modèle les volumes avec une fermeté à la Pollaiolo. Elle court au contraire, fluide, suggérant un contact fort animé entre la zone lumineuse ou diaphane et celle obscure ou opaque. Mais ce n'est pas tout. Regardons par exemple les deux tableaux représentant *Pallas et le Centaure* (Offices) et *Mars et Vénus* (Londres, National Gallery). Dans le premier, la figure de Pallas marque le mouvement rythmique qui se développe dans le groupe des trois Grâces, et dans l'autre, la figure de Mars laisse percevoir les mêmes continuité et fluidité de contours qui caractérisent le Mercure du *Printemps*. Mais dans ces œuvres, dont le contenu et les sources classiques ont été précisés par Gombrich, les images sont davantage arrêtées et enfermées: Botticelli essaie de fixer clairement les images de ces divinités, ce qui était d'ailleurs dans les vues de Marsile Ficin sur la reconstruction de la mythologie antique. Les allégories étant aussi plus simples, les images sont donc

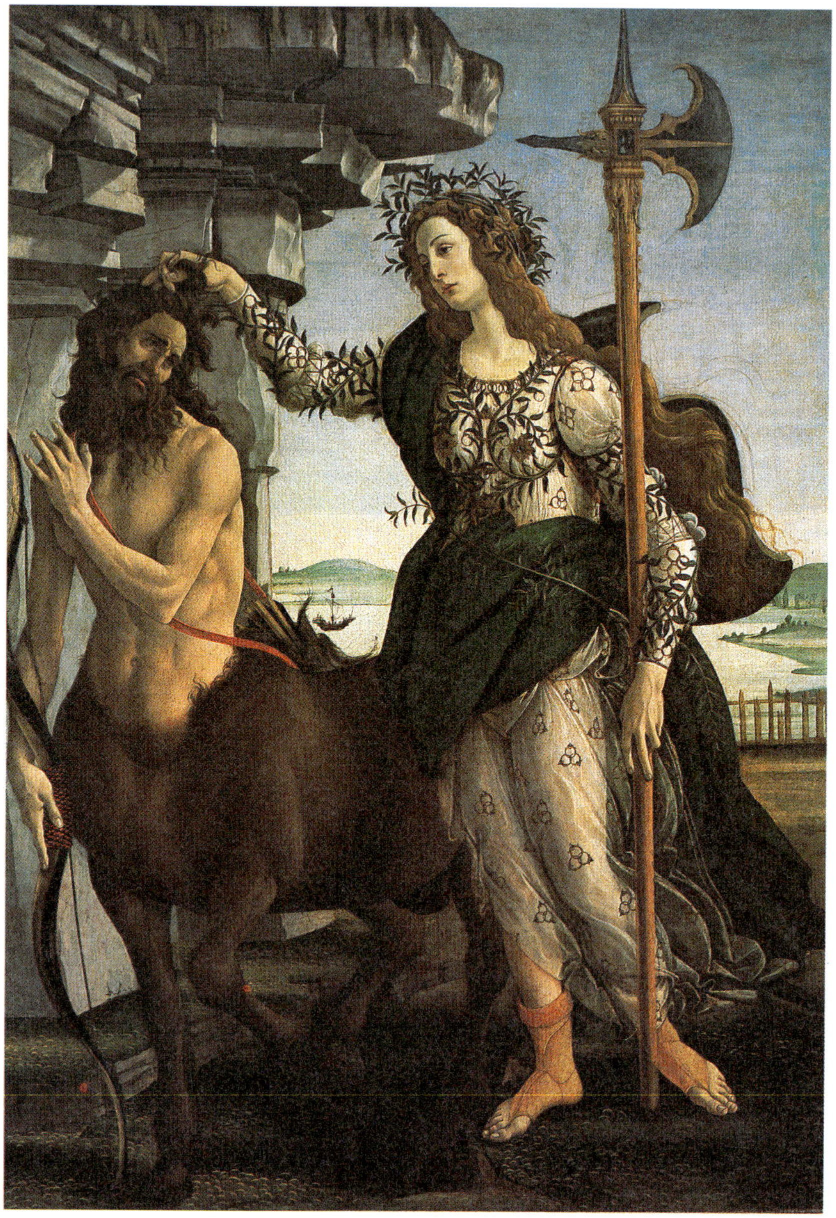

Pallas et le Centaure – vers 1482.

plus concrètes et découpées davantage dans l'espace que dans le *Printemps* où, au contraire, la profondeur s'annule et où les cadences rythmiques se multiplient.

La figure centrale du *Printemps* se détache sur l'écran foncé d'un bosquet, comme dans le portrait dit de *Ginevra Benci*; ce qui pourrait bien confirmer les rapports entre Botticelli et Léonard dans ce moment délicat de la culture florentine. Mais Botticelli intervertit carrément la fonction de filtrage et de diffusion de la lumière qu'avaient chez Léonard les épaisses branches de genévrier.

Rappelons en effet que, dans ce tableau, le bosquet forme comme une auréole sombre autour de la figure dont il suit le contour, puis il s'éclaircit en rameaux et en feuilles aplaties sur le fond clair du ciel. Le passage entre le visage lumineux et cet écran opaque est fait par une succession de voiles transparents, c'est-à-dire par une véritable gradation allant du moment le plus diaphane au plus opaque, de la valeur la plus «spirituelle» à la plus «matérielle». Si Botticelli pensa vraiment ici, comme nous le croyons, à Léonard, on peut dire qu'il s'efforce de rendre intellectuelles jusqu'aux premières expériences que Léonard essayait de tirer du vrai. Son point de vue apparaît donc clairement. L'ancienne unité entre nature et histoire est désormais abolie. Mais alors que Léonard oppose ces deux éléments, Botticelli les transpose dans le domaine de la poésie et tente une interprétation de la nature qui ne doive rien à la connaissance, et une interprétation de l'histoire qui ne doive rien à la morale.

Mars et Vénus – vers 1483.

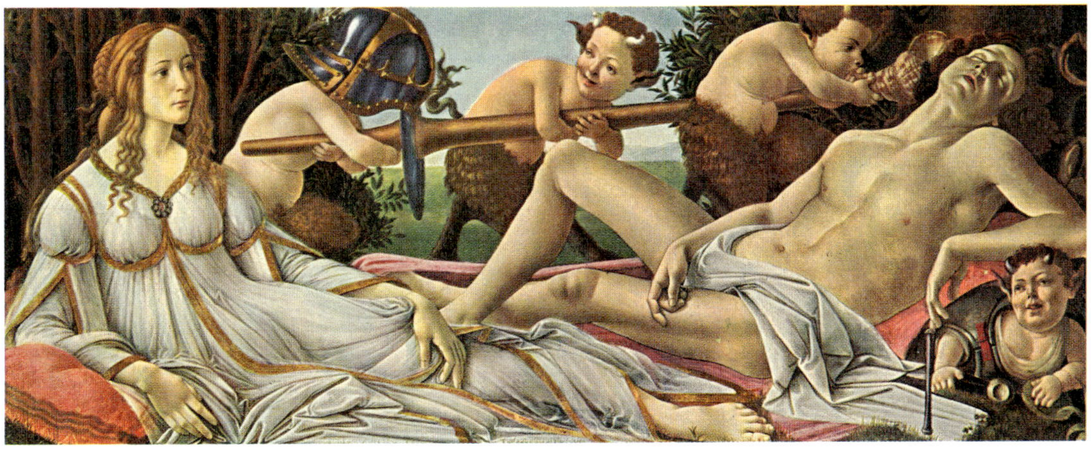

Mais si le tableau ne comporte plus aucun fait concret, doit-on en conclure que l'action n'a plus de valeur? Et si la représentation est privée de tout intérêt moral positif, serait-ce que le peintre lui-même n'a plus de sensibilité morale? Avait-on déjà effacé de la conscience des hommes cet idéal de vie active que prônaient, quelques décennies plus tôt, Coluccio Salutati et Leonardo Bruni? Certainement pas, ce qui est encore prouvé par les écrits des philosophes et des lettrés, par la politique de Laurent le Magnifique, par les prédications mêmes de Savonarole. Seulement, le «faire» se transporte de l'extérieur à l'intérieur. La morale n'est plus, comme jadis, obéissance à une loi ou à un exemple, mais devient un processus tout intérieur d'élection. Pour Botticelli donc, ce «faire» n'est plus l'action des personnages dans son tableau, mais *son* action, celle de l'artiste: l'inspiration, le *furor*. Celui-ci n'est plus pour lui séparé de la contemplation, et même, il est d'autant plus intense qu'il tend à s'y identifier. Pour Léonard, ce *furor* était à la fois dans l'âme de l'artiste et dans la nature, et s'exprimait dans le mouvement des figures, dans le déchaînement cosmique des phénomènes naturels. Tandis que pour Botticelli, l'angoisse, la fébrilité, le mouvement intérieur des figures doivent nécessairement s'accompagner d'une condition contemplative, d'un détachement vis-à-vis de l'action effective. Ce qui importe, c'est l'action «intérieure», la lutte de l'esprit contre l'épaisseur et le poids de la matière, de la lumière contre les ténèbres. Pourrions-nous en conclure que le *Printemps* est un tableau religieux? Aux dernières années du siècle, Botticelli reprend-il la quête ascétique d'Angelico? Nous l'affirmerions volontiers si l'on exclut de ce rappel d'Angelico tout rapport avec sa politique et son enseignement religieux. N'est-ce pas justement au cours de ces années ou peu avant que naît la légende d'Angelico «Beato»? Du peintre qui retrace en extase ses visions célestes? Cette légende ne put naître que grâce à la méconnaissance des raisons historiques de l'art d'Angelico, c'est-à-dire du caractère positif de sa pensée religieuse encore entièrement dirigée par la recherche d'une explication du monde et de la création.

Comparons deux tableaux de Botticelli: l'*Adoration des Mages* des Offices et le *Printemps*. Certes, le sujet de l'un est religieux et le sujet de l'autre est profane; mais l'écart qui les sépare est le même que celui qui existe entre

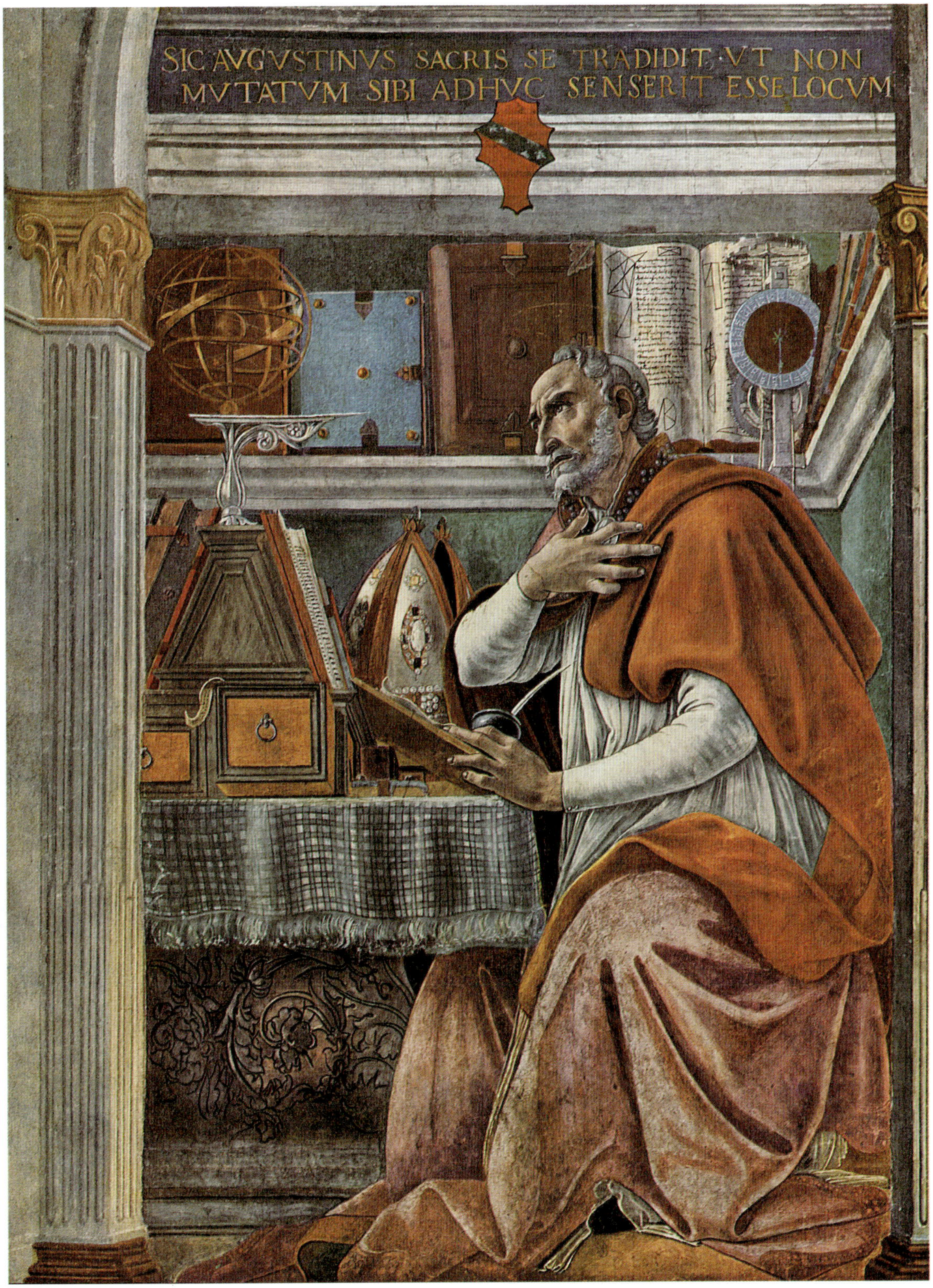

Saint Augustin dans sa cellule (fresque) – 1480. Florence, église d'Ognissanti.

les œuvres les plus «naturalistes» d'Angelico (la *Déposition*, par exemple) et les plus ascétiques, comme les fresques de Saint-Marc. Le *Printemps* n'est évidemment pas une œuvre religieuse, il est toutefois l'expression de l'extase intellectuelle, d'une extase qui n'est plus contemplation pure, mais fervent travail intérieur, profond processus d'élection. La multiplicité et la polyvalence des significations ne sont donc plus un simple jeu littéraire d'allégories, mais au contraire la preuve que l'image a finalement conquis le même caractère total et universel que Piero avait atteint dans sa forme.

Dans l'église d'Ognissanti, deux fresques se font face: l'une, peinte par Botticelli en 1480, représente *Saint Augustin dans sa cellule*, et l'autre par Ghirlandaio, *Saint Jérôme*. C'est là une attestation évidente de la polémique que Botticelli engagea contre la vision naturaliste, prosaïque et même socialement concrète de Ghirlandaio. Depuis que l'Eglise avait revisé son attitude hostile à l'égard des humanistes, saint Augustin et saint Jérôme étaient considérés comme deux «anciens», non seulement saints Pères de l'Eglise, mais philosophes et lettrés. Ces fresques montrent une nette antithèse idéologique. Saint Jérôme est le savant qui fixa le texte des anciennes Ecritures; saint Augustin, le penseur qui fit revivre et intégra au christianisme la philosophie classique, celle surtout de Platon. Le premier soutient la nécessité de s'en tenir à la lettre des Ecritures, et Ghirlandaio l'a en effet représenté comme un philologue entouré de ses instruments de travail; la bougie, les lunettes, les ciseaux. Saint Augustin, au contraire, estimait qu'il fallait interpréter les Ecritures suivant l'esprit et il est dépeint dans une attitude inspirée, au milieu des symboles de cette culture humaniste que l'on voulait profondément attachée à l'esprit du christianisme: l'astrolabe, le livre des théorèmes de Pythagore, etc. Mais ce qui est nouveau et qui aura de lointaines répercussions, c'est que Botticelli transforme l'«homme célèbre», admiré pour la grandeur de ses actions, en «héros», incarnation d'une idée. Le peintre durcit les traits de son image, recherche une structure, une découpe, un caractère monumental même, se servant dans ce but du contraste avec l'étroitesse de l'architecture, et de l'artifice d'un raccourci de bas en haut. Le peintre ayant désormais, grâce au *Printemps*, dépassé le problème de la nature visible, le problème religieux se révèle dans sa conscience en termes de plus en plus précis: c'est la contradiction entre le caractère historique de la doctrine et l'élan ascétique, l'attente fébrile de la grâce.

La *Transfiguration* (Rome, collection Pallavicini), presque contemporaine du *Saint Augustin*, reflète aussi ce contraste. Mais en outre, elle révèle quelle importance aura désormais pour Botticelli l'élan ascétique. De chaque côté se tiennent saint Augustin et saint Jérôme, symboles des deux voies d'élection, aussi nécessaires l'une que l'autre. Et ces deux figures enfermées dans un espace exigu et profond servent à rehausser et à rejeter presque à la surface la représentation centrale. Celle-ci, tout au moins dans la manière de présenter les images, semble inspirée directement des fresques d'Angelico à Saint-Marc. Le Christ (entouré de Moïse et de saint Jean-Baptiste, le premier et le dernier des grands prophètes qui annoncèrent la révélation) est une source radiante de lumière et une différence nette partage, malgré l'exiguïté de l'espace, les saints des apôtres. Plus de trace d'*historia* ni même de miracle: c'est une figuration directe et exaltée du dogme. Les apôtres sont recroquevillés et leur raccourci, qu'aucune nécessité perspective ne vient justifier, semble s'apparenter à celui des peintres du XIVe siècle. C'est justement la ligne-lumière qui assume ici un sens symbolique. Le raccourci, le tourbillon des lignes sont là pour exprimer l'impuissance désespérée de l'âme face à l'aveuglante révélation, son effort surhumain pour s'élever au-dessus de la terre à laquelle elle est pourtant liée par son être matériel. Le dogme est concept et l'image est la forme symbolique et sensible de ce concept. Botticelli passe ainsi du thème de la poésie à celui de la doctrine et de la foi. Il s'éloigne toujours plus de cette nature qui désormais ne peut plus ni expliquer, ni manifester la vérité transcendante de Dieu. Avec cette œuvre, comme avec la *Trinité* (Londres, Courtauld Galleries), les premières illustrations de Dante et surtout les fresques de la Sixtine, l'artiste renonce définitivement à la nature en tant que domaine et explication secrète de toutes les allégories. Il tend alors vers un nouveau sens allégorique, entièrement conceptuel, qui finira par aboutir à cette étroite et indestructible unité entre lettre et esprit, qui est le symbole.

Il peut sembler étrange qu'arrivé à ce point Botticelli se soit lancé dans la réalisation d'une œuvre comme les fresques de la chapelle Sixtine; une œuvre non seulement de grande envergure, mais manifestement appelée à démontrer le caractère historique du christianisme. Grâce à de récentes études, on a pu établir que la chapelle Sixtine est le monument-base qui éclaire la nouvelle direction prise par l'Eglise après sa victoire sur les schismes. Par ce monument, l'Eglise voulait démontrer tangiblement son fondement historique, la continuité qui lie le Nouveau à l'Ancien Testament. Ce devait être «l'arche du salut, le tabernacle de Moïse, le sanctuaire où règne, éternel, le Seigneur». Aussi, ses mesures coïncident-elles avec celles du tabernacle de Salomon telles qu'on peut les déduire des Ecritures; c'est une chapelle fortifiée à l'extérieur comme une forteresse de la foi et dont, tout au moins dans sa décoration du XVe siècle, «le thème central est celui du salut de l'humanité, grâce tout d'abord à l'arche miraculeusement sauvée du Déluge, puis grâce au pacte d'alliance fait avec Moïse et consacré par le tabernacle rectangulaire et par le temple de Salomon, grâce enfin à la Rédemption et à la remise des clés à saint Pierre» (E. Battisti).

Botticelli fut appelé à décorer la Sixtine en 1481, en même temps que Cosimo Rosselli, Ghirlandaio et le Pérugin. Il dut certainement avoir une part importante dans la distribution générale de la décoration. Il créa principalement trois fresques représentant *La lustration du lépreux et la tentation de Jésus*, *Les scènes de la vie de Moïse*, *Le châtiment de Coré, Dathan et Abiron*. Aucune de ces fresques n'a une unité d'action, ni n'est composée comme un «récit». Toutes les trois au contraire ont un contenu doctrinaire et symbolique. Il y a par exemple une raison précise au fait que dans la première la tentation du Christ soit reliée au sacrifice du lépreux. Au démon qui vient le tenter, Jésus répond avec les paroles du Deutéronome et du Livre des Psaumes; au lépreux guéri, il ordonne de se rendre chez le prêtre et d'offrir un sacrifice, *«quod praecepit Moyses»*. Le peintre a donc choisi dans l'Evangile les passages qui prouvent la reconnaissance solennelle des Lois de Moïse de la part du Christ.

La deuxième fresque représente une suite d'épisodes de la vie de Moïse: le meurtre de l'Egyptien, la fuite, la défense des filles de Jéthro, l'apparition de Dieu dans le buisson ardent, l'exode des Hébreux en Egypte. De toute évidence, Moïse (même du point de vue physionomique) est ici une

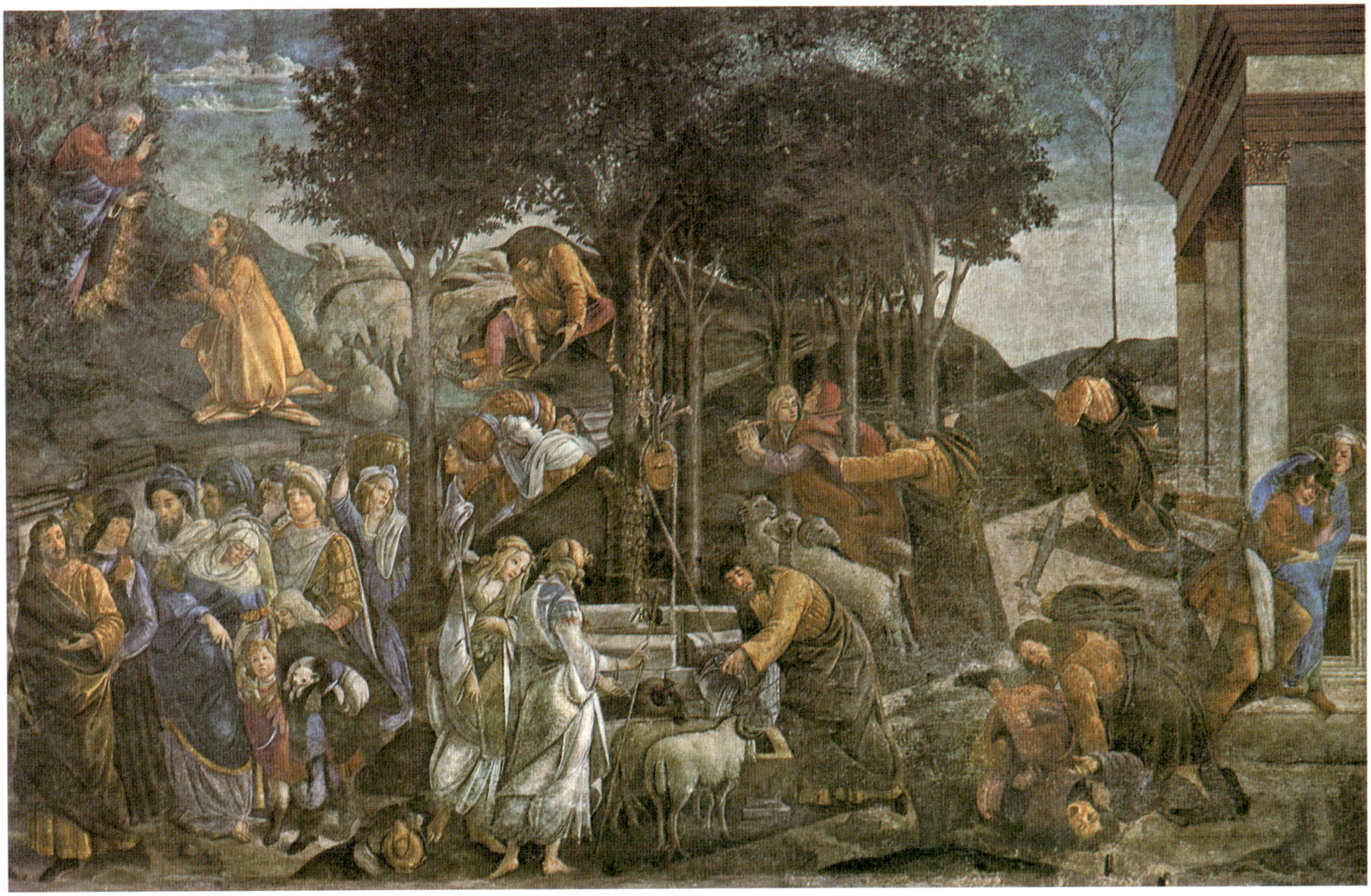

Scènes de la vie de Moïse (fresque) – 1481. Vatican, Chapelle Sixtine.

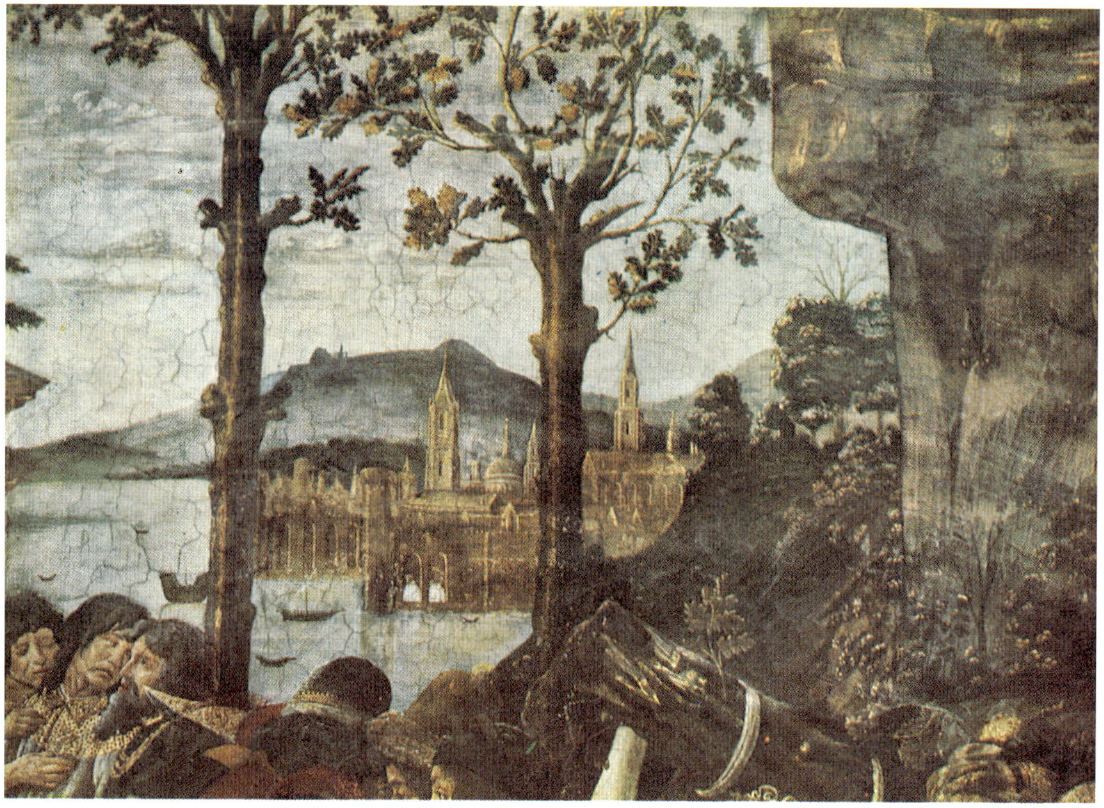

La lustration du lépreux et la tentation de Jésus, détail du paysage (fresque) – 1481.
Vatican, Chapelle Sixtine.

préfiguration du Christ. Comme Moïse sauva sur l'ordre du Seigneur le peuple hébraïque de l'esclavage et le reconduisit dans sa patrie, ainsi Jésus, envoyé par le Père, sauve l'humanité du péché et la ramène dans la patrie céleste. C'est le thème classique de Plutarque, celui des vies parallèles.

Dans la troisième fresque, Coré, Dathan et Abiron, révoltés contre la loi, sont mis au ban de la communauté et sont anéantis par le châtiment divin. C'est une menace directe contre les hérétiques, contre tous les fauteurs de schisme. Dieu confirmera toujours et de manière terrible les condamnations faites par celui qui agit en son nom et le représente sur terre. Mais la loi n'est pas seulement celle de Moïse, elle est aussi celle de Rome; dans le fond se dresse en effet l'arc de Constantin, l'empereur qui reconnut la légitimité du christianisme et en fit la religion officielle de l'Empire romain.

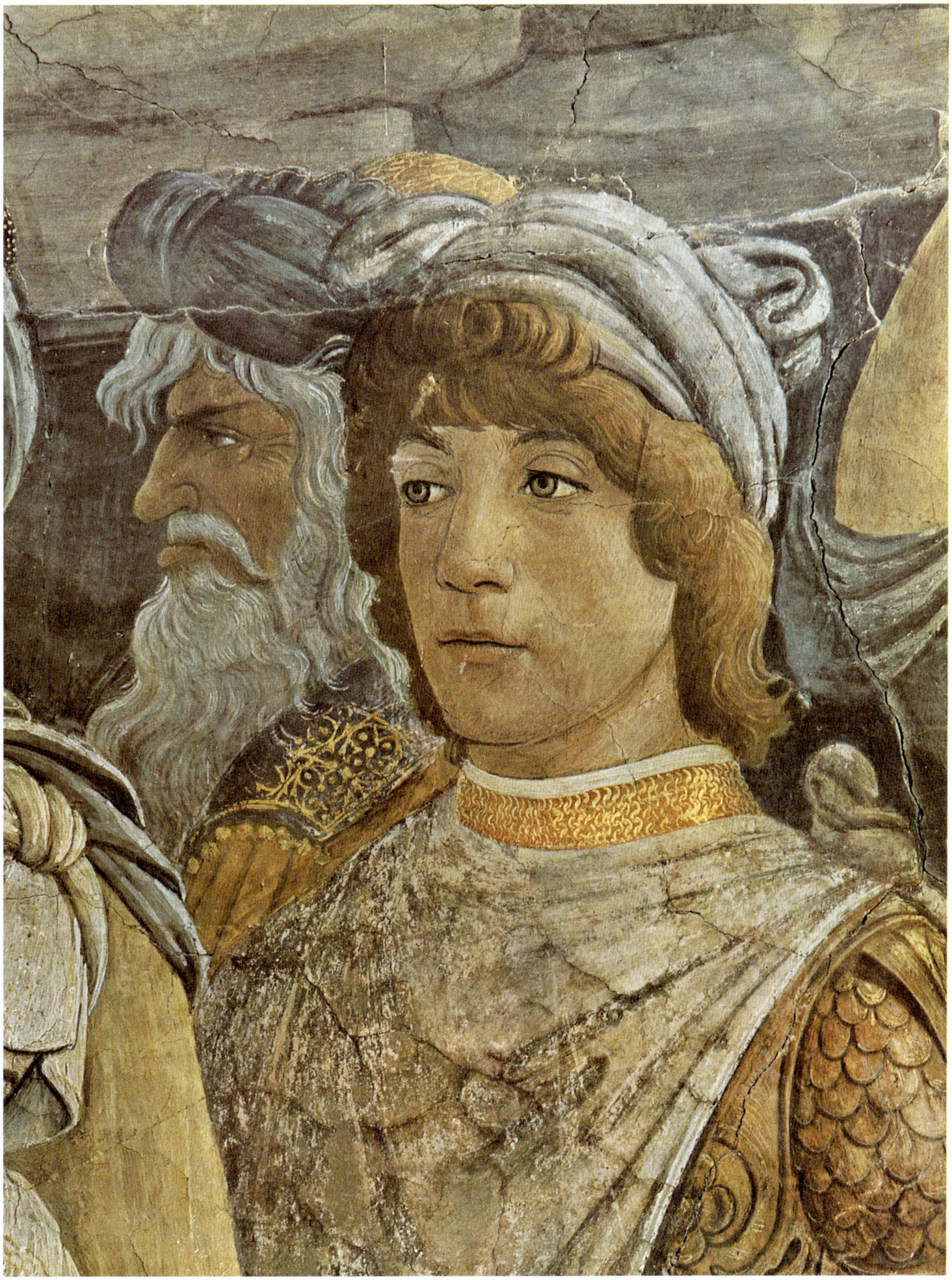

Scènes de la vie de Moïse, détail de l'exode (fresque) – 1481. Vatican, Chapelle Sixtine.

Etant donné le caractère conceptuel de ces fresques, on comprend que Botticelli n'ait pas donné une composition d'ensemble au récit. Il groupe, comme au Moyen Age, différents épisodes et représente plusieurs fois la même figure dans la même scène. Quant à l'espace, il n'est plus perspectif, mais se compose des divers éléments dont le besoin s'est fait sentir au fur et à mesure de la représentation. La première fresque, par exemple, se décompose en cinq épisodes distincts: la première tentation, qui a lieu sur un rocher tombant à pic et surplombant une riche cité, symbole des biens terrestres; la seconde tentation, au sommet d'un temple; la troisième tentation, sur la montagne; puis Jésus-Christ redescendant de la montagne, qui ordonne au lépreux d'accomplir le sacrifice et enfin, au tout premier plan, le lépreux se présentant au prêtre. L'espace est ainsi compartimenté en épisodes, mais leur enchevêtrement n'obéit à nulle intention narrative ou démonstrative. Les éléments et les personnages sont juxtaposés d'une manière presque symétrique: au milieu, se dressant à l'arrière-plan, le temple qui sert de lien entre le thème de la tentation et celui du sacrifice; de chaque côté, comme des décors amovibles, des collines escarpées et au fond, à droite et à gauche, deux villes irisées de lumière d'or. Les personnages entrent en scène des deux côtés pour se rejoindre au centre où se rencontrent le lépreux guéri et le prêtre.

Dans la fresque représentant les *Scènes de la vie de Moïse*, la distribution scénique, tout à fait différente, s'établit par plans obliques qui servent en quelque sorte de plate-forme aux divers épisodes. La foule des Hébreux rentrant dans leur patrie remplit toute la partie gauche; la partie droite au contraire reste quasiment vide et s'ouvre sur l'horizon lointain. Moïse prend dans sa fuite une route formant un coude brusque, ce qui accentue la décentralisation de la composition. Au premier plan, Moïse est représenté donnant à boire aux brebis des filles de Jéthro (ce qui se rapporte évidemment au thème du Christ en tant que pasteur d'âmes), et immédiatement derrière, chassant les bergers insolents. Il s'agit de deux épisodes étroitement liés et qui se sont immédiatement suivis: pour souligner cette succession chronologique, Botticelli donne aux deux groupes un arrière-plan commun: une petite colline sombre et boisée. Les arbres, aux longs troncs, servent à relier l'épisode du premier plan aux scènes du fond, c'est-à-dire Moïse se

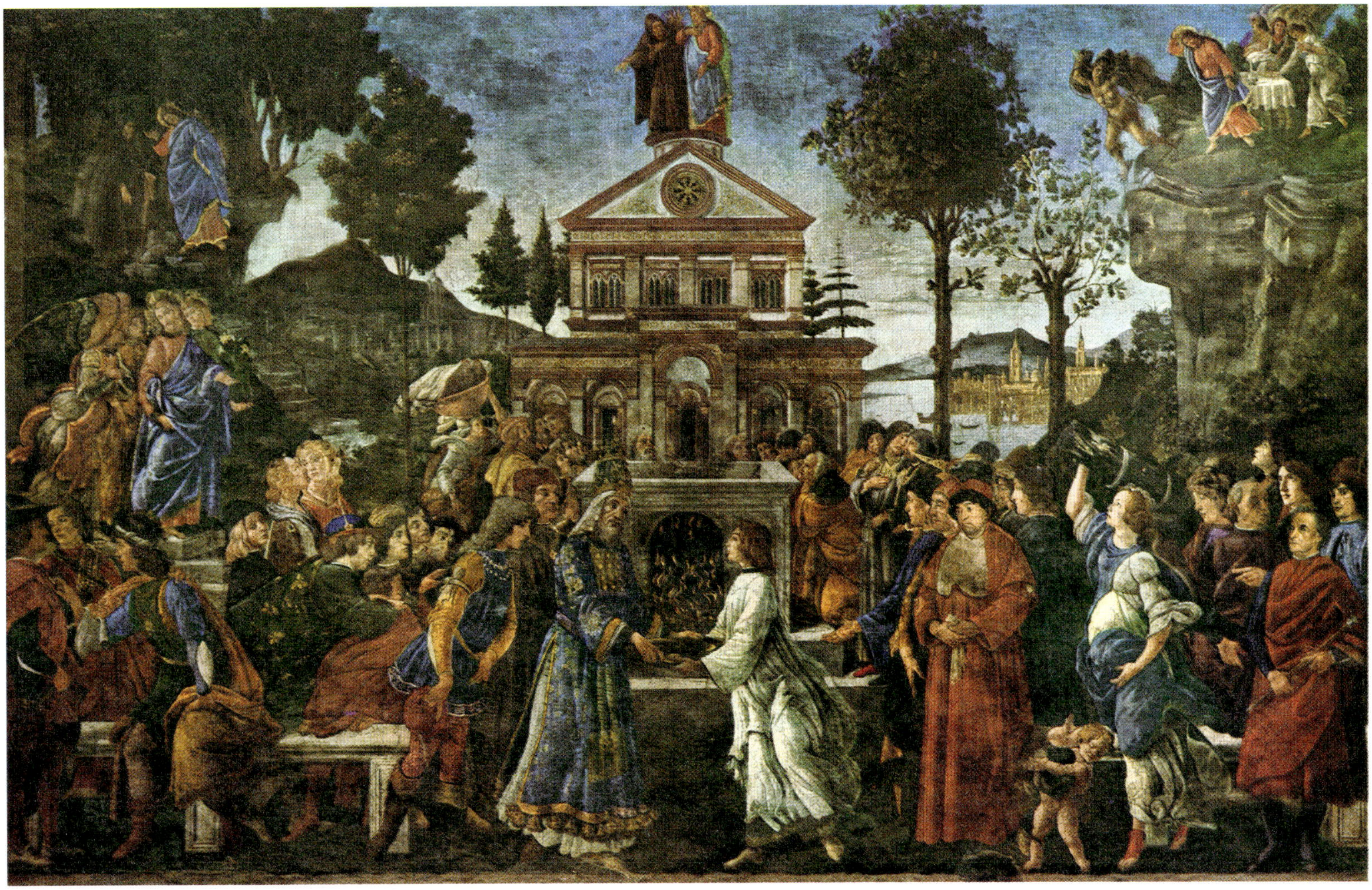

La lustration du lépreux et la tentation de Jésus (fresque) – 1481.
Vatican, Chapelle Sixtine.

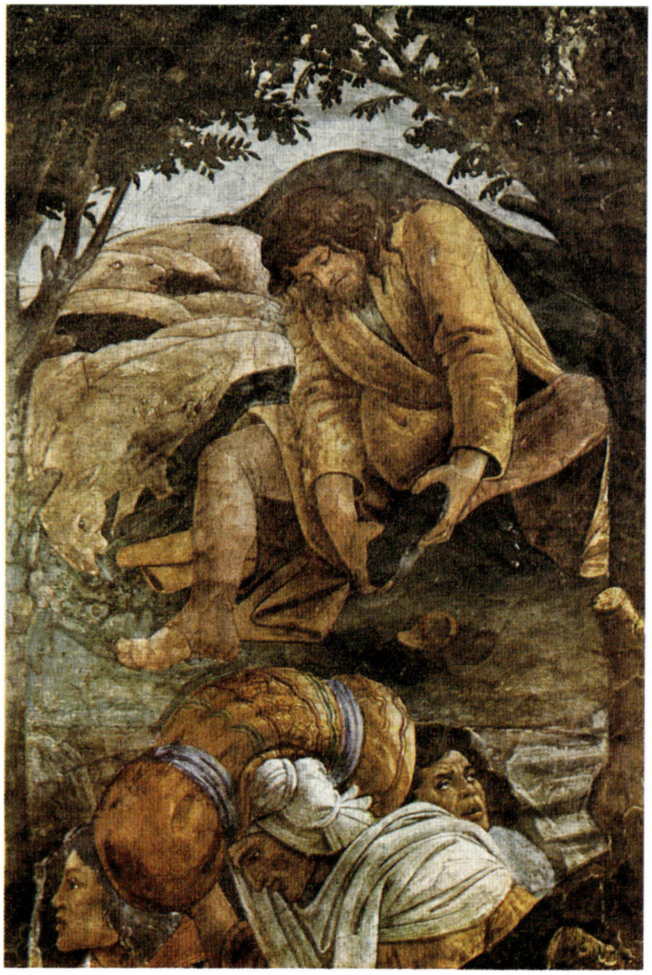

Scènes de la vie de Moïse, détail:
Moïse se déchaussant (fresque) – 1481.
Vatican, Chapelle Sixtine.

déchaussant puis recevant la révélation divine. Sur la droite, un édifice en perspective abrupte; comme un décor de théâtre, il sert à rattacher deux épisodes: le meurtre de l'Egyptien et la fuite de Moïse; il donne aussi, avec l'horizon paraissant au loin, la mesure de la distance que le fugitif doit parcourir, et de la rapidité avec laquelle il s'éloigne. La fresque se construit suivant les verticales des arbres et les sinuosités des collines selon un rythme qui se retrouve au premier plan dans les figures se tenant debout, qu'un mouvement de courbes lentes vient animer.

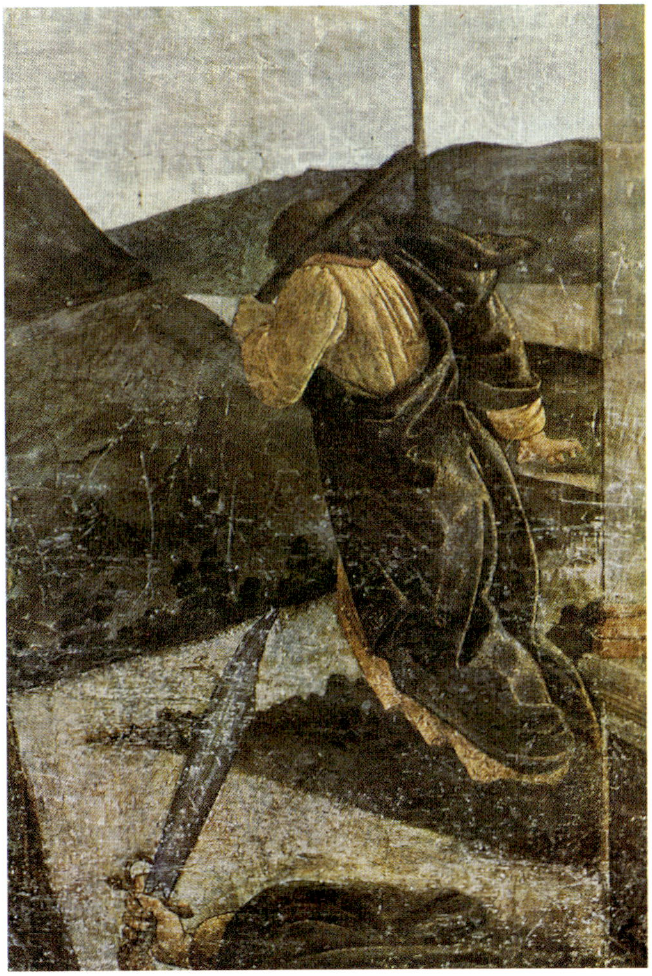

Scènes de la vie de Moïse, détail:
La fuite de Moïse (fresque) – 1481.
Vatican, Chapelle Sixtine.

Dans la troisième fresque, la violence du récit se traduit par l'agitation et la disposition des figures groupées entre des pauses d'espaces vides: rythme tronqué, syncopé, quasi sanglotant, qui commence à l'improviste par le premier groupe à gauche; un édifice au raccourci rapide souligne ce violent exorde, dont il répercute jusqu'à l'horizon les notes déchirantes. Image de la Loi, l'arc de Constantin surmonte l'épisode final de la punition des rebelles. A droite, un portique en ruine sert d'arrière-plan au groupe des Hébreux indignés.

Il ressort clairement de l'analyse de ces fresques que chaque élément du fond est en rapport étroit avec un épisode particulier et que l'espace épouse le rythme, le «tempo» de la figuration. Il ne s'agit visiblement pas de la représentation d'un récit; chaque épisode est un concept qui s'exprime par des figures et la force de ce concept est en rapport avec la force que dégage chacune de ces figures. Celles-ci sont véritablement «dosées» par rapport au rôle qu'elles assument dans l'ensemble. Moïse tuant l'Egyptien est tracé d'un trait rapide qui donne à l'image la vitesse d'un éclair. Les filles de Jéthro, par contre, se déplacent dans un rythme lent et ondoyant, et les rebelles de la troisième fresque sont des images convulsives, aux mouvements violents,

Illustration pour La Divine Comédie («Purgatoire XV»), détail.

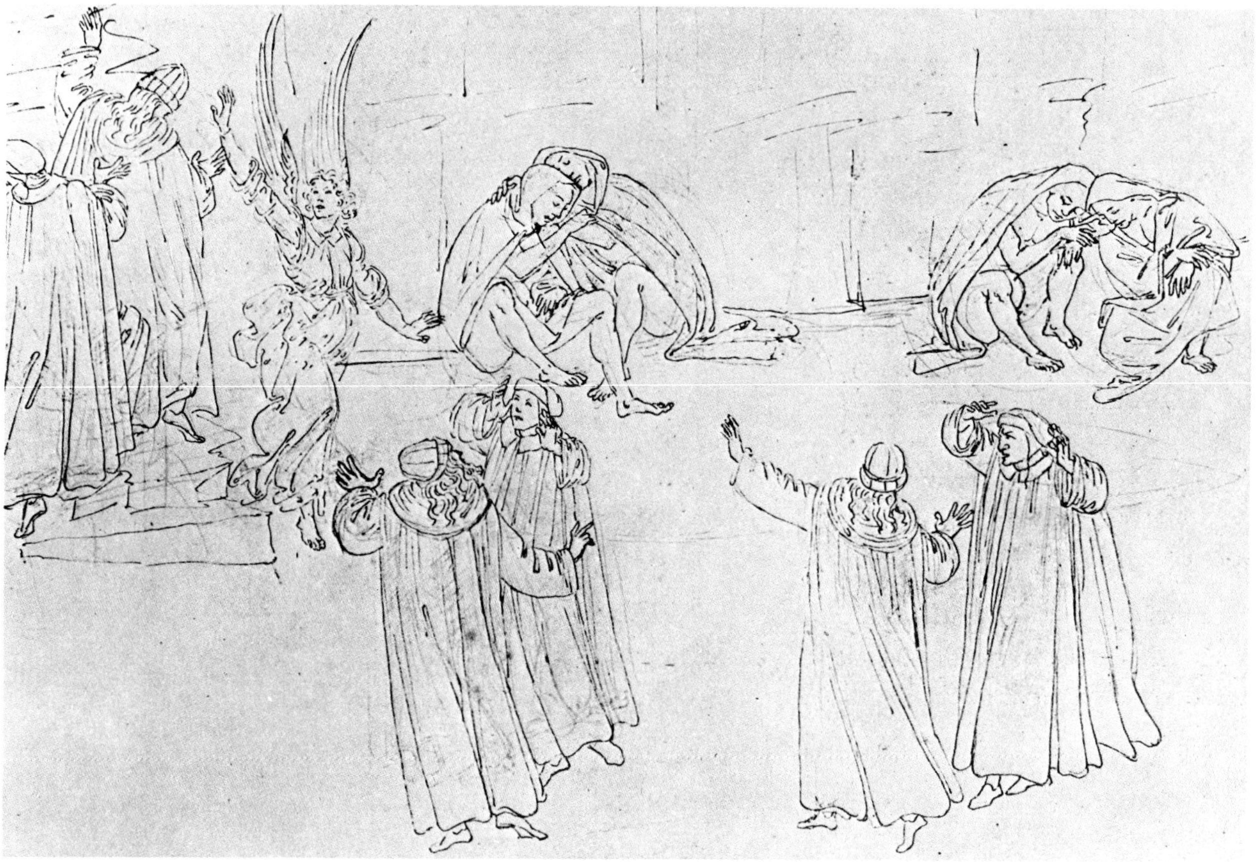

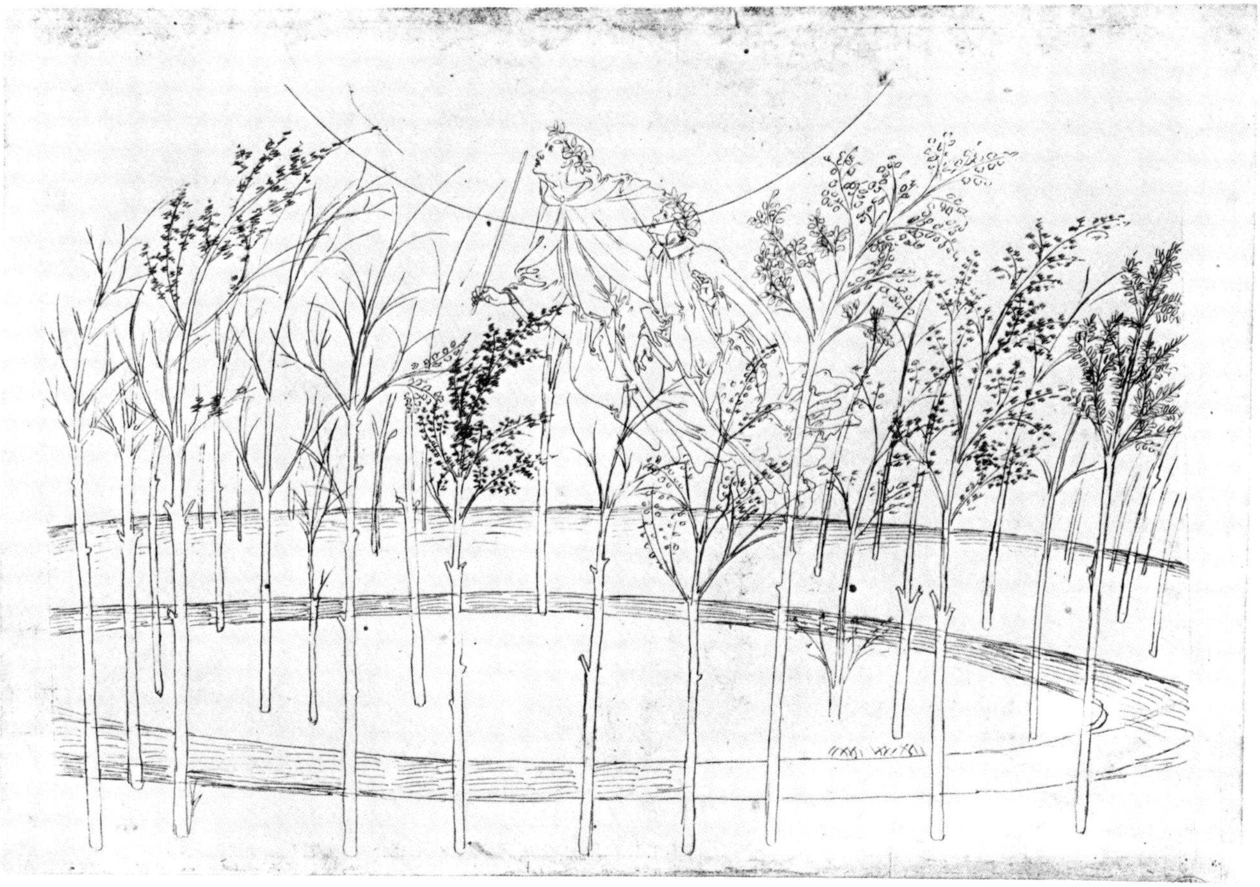

Illustration pour La Divine Comédie («Paradis I»).

rageurs, excessifs. Il y a partout une manière de s'attarder à l'image ou au contraire de la fixer par accents vifs qu'on ne retrouve jusque-là nulle part dans la peinture. C'est une manière qui semble plutôt provenir d'une profonde compréhension de la valeur de l'image dans la poésie de Dante. Ce rapprochement du reste n'a rien d'arbitraire puisque les illustrations que Botticelli fit de la *Divine Comédie* montrent à quel point la lecture de Dante influença le peintre non quant au choix des thèmes mais au point de vue du style, de la façon de recréer l'image: une image purement mentale, et nullement naturaliste.

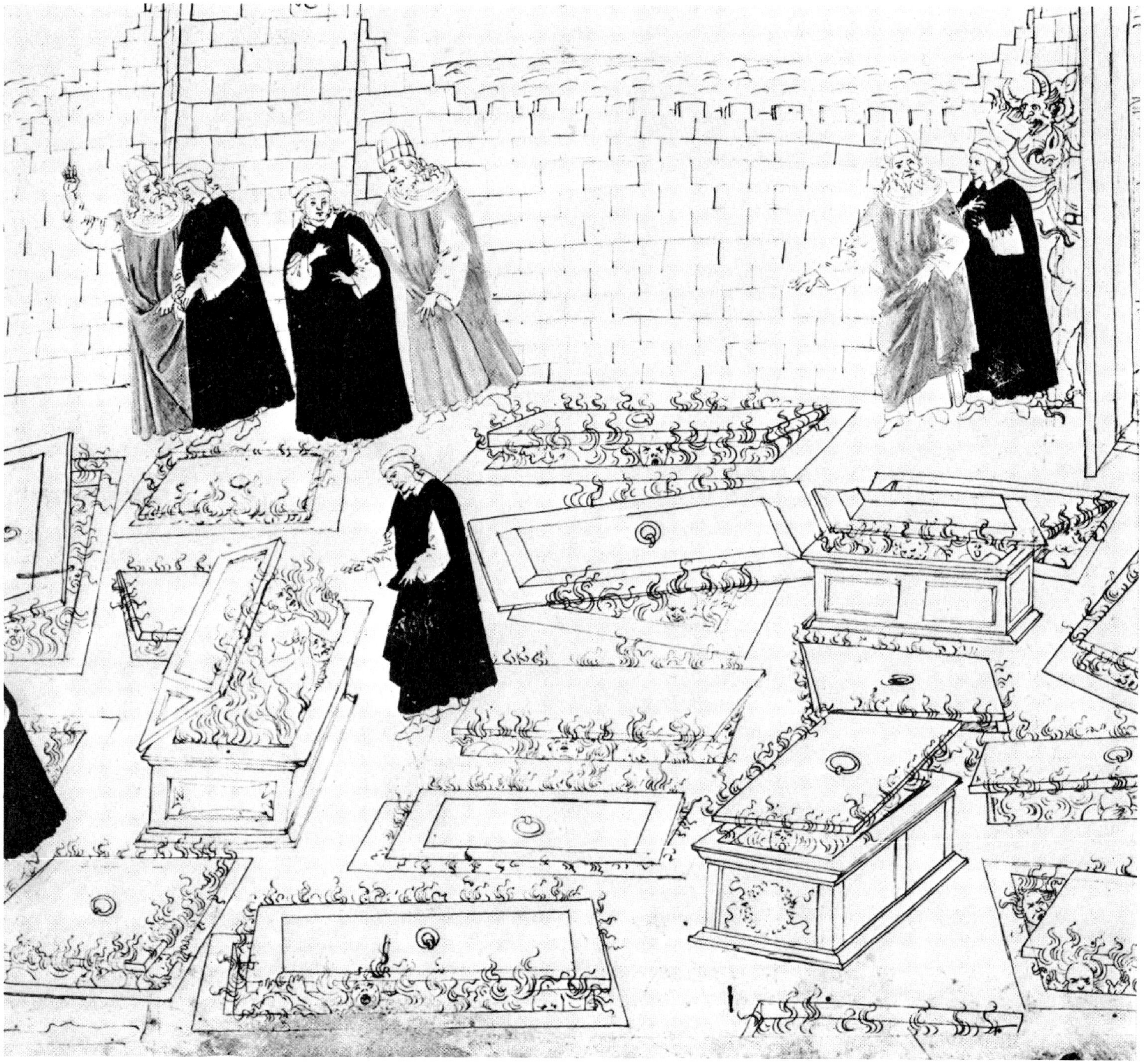

Illustration pour La Divine Comédie («L'Enfer X»), détail.

Comment alors s'expliquer que c'est justement dans ces fresques que les figures acquièrent une nouvelle plénitude formelle? Et que le peintre insiste parfois sur leur beauté avec une complaisance toute sensuelle? Ces peintures révèlent une multitude d'éléments: des notations vives, immédiates, presque réalistes; un sens allégorique, faisant allusion à la doctrine, et encore une recherche très raffinée de la beauté dans le rythme expressif des lignes, dans l'alternance des groupes en mouvement et au repos, dans le choix et l'accord précieux des couleurs, dans l'emploi mesuré mais sensible de l'or comme symbole de lumière. Il y a aussi un espace qui, sans être aucunement le reflet d'une expérience empirique, garde pourtant l'attrait et le charme des paysages naturels. Vu comme d'une fenêtre ouverte, il s'étend devant le spectateur et l'appelle par la lumière de ses horizons et les ombrages de ses bosquets. On dirait que le peintre a voulu offrir à ceux qui regarderaient son œuvre — dans le cas présent, les pèlerins de tous pays et de tous rangs — plusieurs possibilités d'interprétation. Celui qui veut s'en tenir à la lettre ou celui qui ne possède pas les éléments lui permettant de comprendre

«la dottrina che s'asconde
sotto il velame delli versi strani»

(la science qui se cache
sous le voile de ces vers étranges)

n'ira pas au-delà du récit représenté. Celui qui s'attache à la raison des choses et de l'effet remonte à la cause, de la forme à la substance, découvrira le contenu conceptuel et les significations allégoriques. Mais celui qui vit la vie suprême de l'intelligence et qui brûle du désir d'atteindre à la connaissance du vrai Bien lira ces œuvres selon l'esprit et en découvrira la suprême «beauté»; il en comprendra le sens non seulement métaphorique mais métaphysique. Cette multiplicité et cette différenciation de l'interprétation constituent un des canons fondamentaux, d'origine scholastique, de la poétique de Dante; cette poétique qui, dès lors, deviendra le modèle idéal de celle de Botticelli.

En affirmant cela, nous ne croyons pas émettre une thèse téméraire, puisque Botticelli semble désormais véritablement rechercher des types de beauté qui, sans rien perdre de leur valeur intellectuelle, soient immédiatement accessibles, des rythmes qui, tout en gardant leur musicalité, puissent en quelque sorte se «chanter», des figures qui, purs esprits, n'en soient pas moins aimables par leur beauté. Citons ici un exemple célèbre: la *Madone du Magnificat* (Offices), datant de 1483 environ. Qui se rappelle la merveilleuse finesse stylistique de Botticelli et son audace même de composition serait tenté de voir dans ce tableau certaines facilités. Si on le compare au *tondo* de Londres représentant l'*Adoration des Mages*, dont nous avons parlé précédemment, il peut sembler étrange que cette fois la forme ronde du tableau régisse toute la composition et que les figures se penchent vers le centre, avec un jeu de courbes facile allant presque de soi. En effet, la Vierge, comme les filles de Jéthro, est une très belle femme, à la bouche presque trop vivante et charnue; l'Enfant aussi est beau et les anges sont des adolescents charmants. Mais au-delà de cette beauté trop apparente, on peut en trouver une autre, cachée: le point de convergence de toutes les lignes, par exemple, n'est pas un véritable point, mais la courbe d'un S que forme le fleuve scintillant du fond; un autre pivot du mouvement est la rencontre des mains de la Vierge et de l'ange. Et le rythme n'est pas aussi cadencé et «décoratif» qu'il peut paraître à première vue; il est en fait subtil, entrelacé, complexe. En le suivant, on oublie la beauté physique des figures et l'on se trouve pris dans un mouvement qui a l'harmonie des sphères célestes.

Mais, pour en revenir à l'étude des fresques de la Sixtine, on pourrait se demander devant cette multiplicité de significations, cette succession d'interprétations toujours plus élevées et subtiles, cette coexistence du cultivé et du populaire, cette recherche d'une forme qui puisse satisfaire les yeux de tous, la doctrine de beaucoup et l'intelligence des rares élus, si cette interférence d'éléments correspondait véritablement au genre de propagande et de persuasion convenant aux desseins de l'Eglise. La fresque que le Pérugin peignit également à la Sixtine, représentant la *Remise des clés à saint Pierre*, est à l'opposé de l'œuvre de Botticelli. D'abord par l'unité totale de temps et de lieu: le fait est un, la symétrie parfaite et la perspective mathématique. La

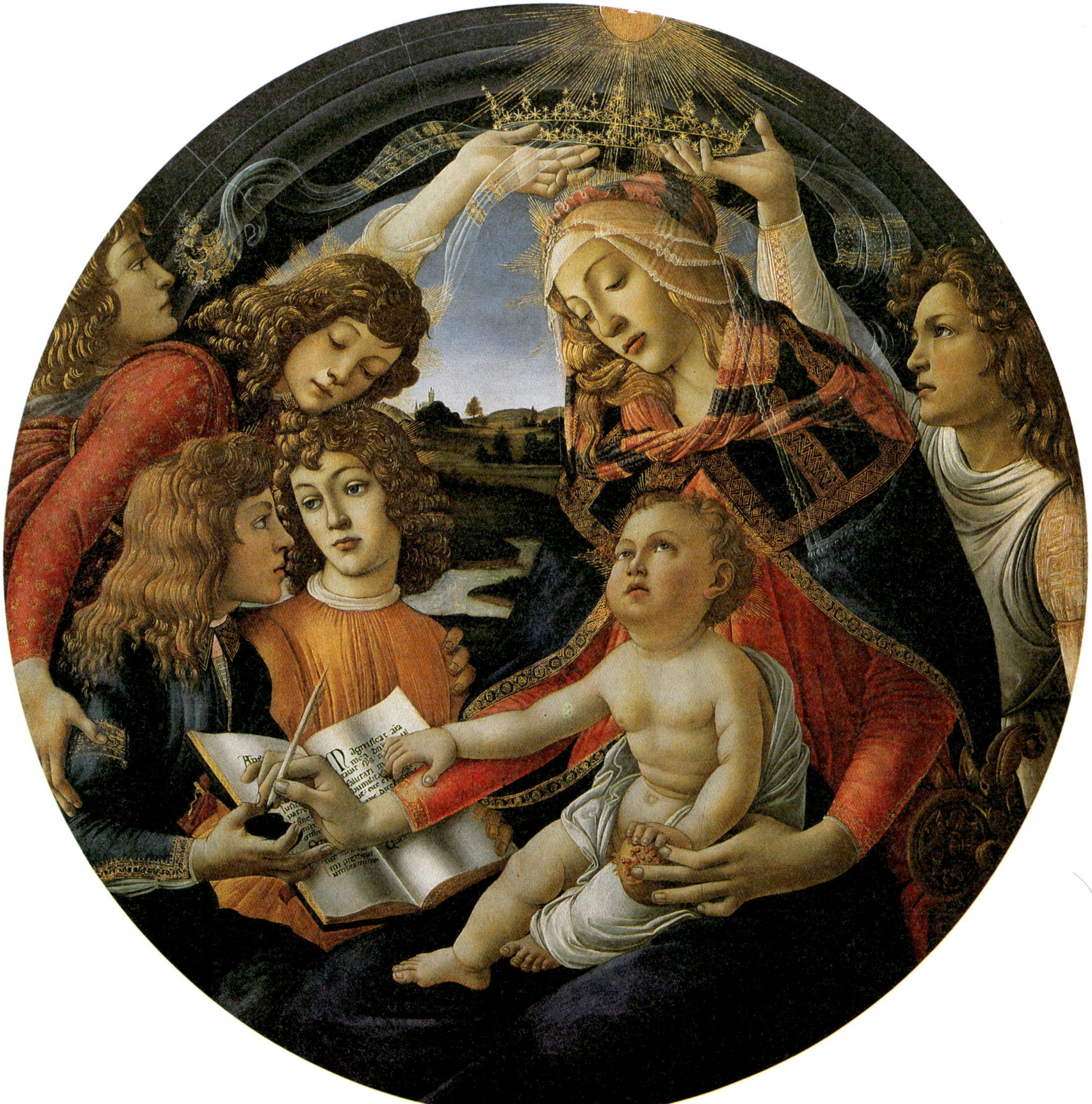

La Madone du Magnificat, tondo – vers 1483.

diminution progressive des grandeurs se fait régulièrement vers l'horizon. L'échelle perspective est donnée par les bandes foncées du sol de marbre, et sur ce plan net, les figures aux couleurs polies sont campées avec une grande fermeté plastique, avec un sens modéré, mais sûr, du monumental. Le concept religieux traduit sa certitude et sa vérité dans la certitude et la vérité de la géométrie formelle, d'où l'impossibilité absolue d'une signification double ou de plusieurs interprétations. Le Pérugin affirme de manière compréhensible pour tous une vérité unique. La philosophie formelle de Piero devient ici l'expression officielle de la doctrine catholique.

Entre ces deux programmes si différents, l'un voulant montrer au peuple la culture d'une élite, et l'autre donnant des démonstrations universellement valables, l'Eglise se devait de toute évidence de choisir la seconde. Et d'ailleurs l'artiste qui réussit à comprendre et à manifester dans le caractère universel de la forme celui du savoir classique et chrétien, et qui sera un peintre à la fois cultivé et populaire, sera effectivement un élève du Pérugin, Raphaël. Les fresques de Botticelli sont peut-être de plus grands chefs-d'œuvre que la réalisation du Pérugin, mais c'est pourtant ce dernier, et non Botticelli, qui donnera son empreinte à l'art qui se développera au sein de l'Eglise.

Après son séjour à Rome, Botticelli ne quittera plus Florence et sa peinture se fera toujours davantage, de manière presque maladive, le reflet de la situation politique et religieuse de sa cité. Dans la *Naissance de Vénus*, dont le thème est certainement en rapport avec celui du *Printemps*, il marque un brusque retour aux conceptions néo-platoniciennes de son ancien milieu. Le trait sobre et incisif, la couleur mince et transparente, la pauvreté de l'ornementation, attestent son désir d'affirmer à nouveau le caractère essentiel, spirituel, la vérité nue et sans enjolivures du «dessin» toscan. Nous savons aujourd'hui quelles furent les sources littéraires de cette œuvre; mais le fait qu'elle se réfère aux *Stanze* de Politien et aux sources classiques de ce poète, ne suffit pas à tout expliquer. Il est intéressant de noter qu'à travers l'*ekphrasis* de Politien, Botticelli semble s'être proposé de répéter le thème de la *Vénus Anadyomène* d'Apelle, de ce peintre qui, suivant la tradition, était le grand maître de la ligne et donc le dieu tutélaire des artistes toscans (dans l'épitaphe

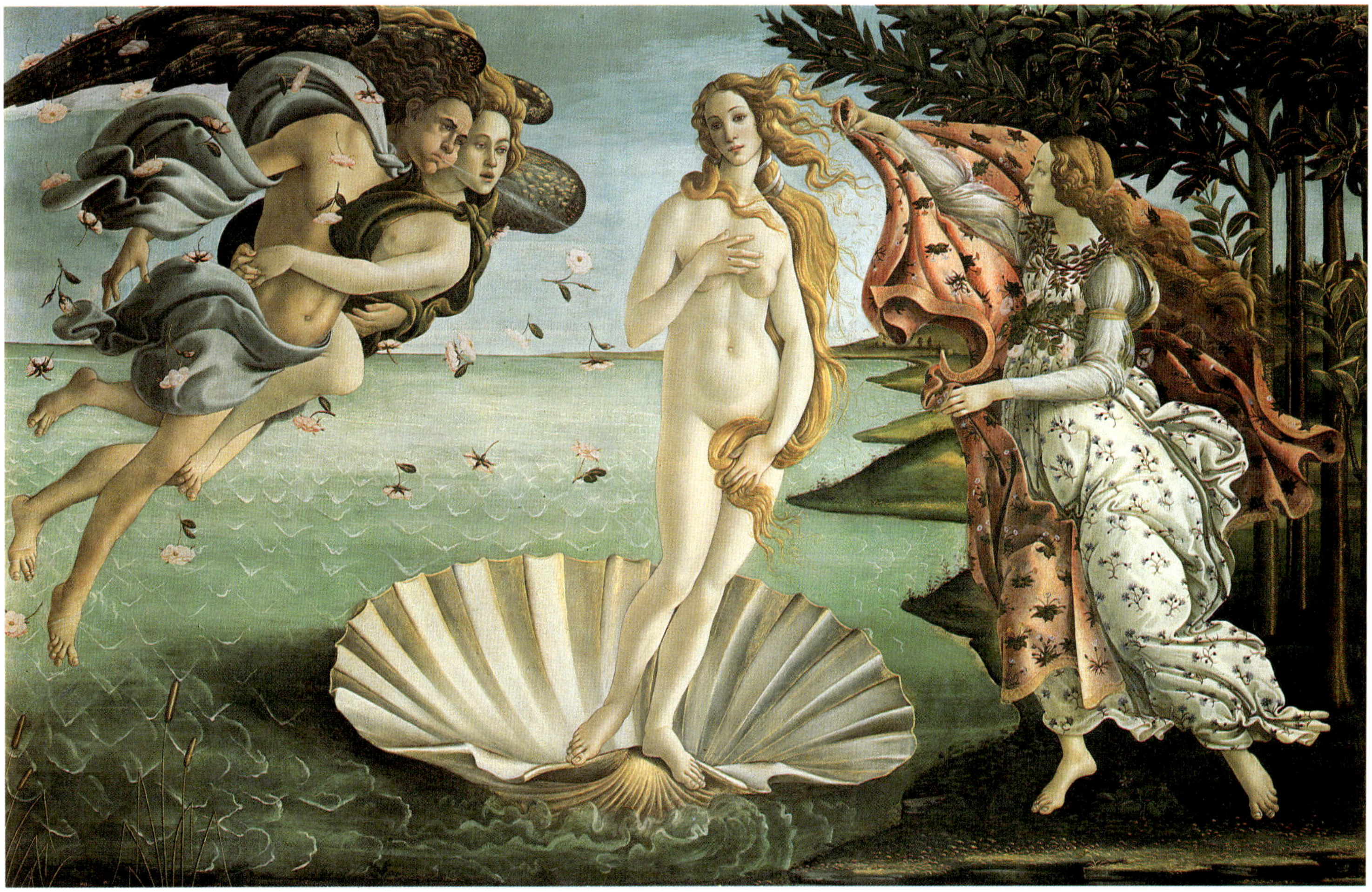

La Naissance de Vénus – vers 1485.

d'Angelico figuraient aussi ces mots: *«velut alter Apelles»*). Malgré ce rappel du grand idéal classique, l'analyse typologique de Gombrich met en lumière que le schéma compositif ou mieux le schéma-image de la *Naissance de Vénus* dérive de celui, traditionnel, du Baptême. Ce n'est pourtant pas là une inconsciente *contaminatio*, parce qu'ici aussi, Vénus est la *Venus-Humanitas* de Marsile Ficin, de sorte que l'idée de sa naissance des eaux peut très bien se rapporter à l'idée de la naissance de l'âme dans les eaux du Baptême. Certes on ne peut tirer de cette coïncidence typologique aucune conclusion certaine sur le plan doctrinaire: mais elle fait apparaître que cette figuration a un caractère essentiellement spirituel et non sensuel. Pour Angelico aussi la nature devait être regardée sans sensualité, pour qu'on puisse mieux l'aimer

Lorenzo Tornabuoni et les Arts Libéraux (fresque) – 1486.

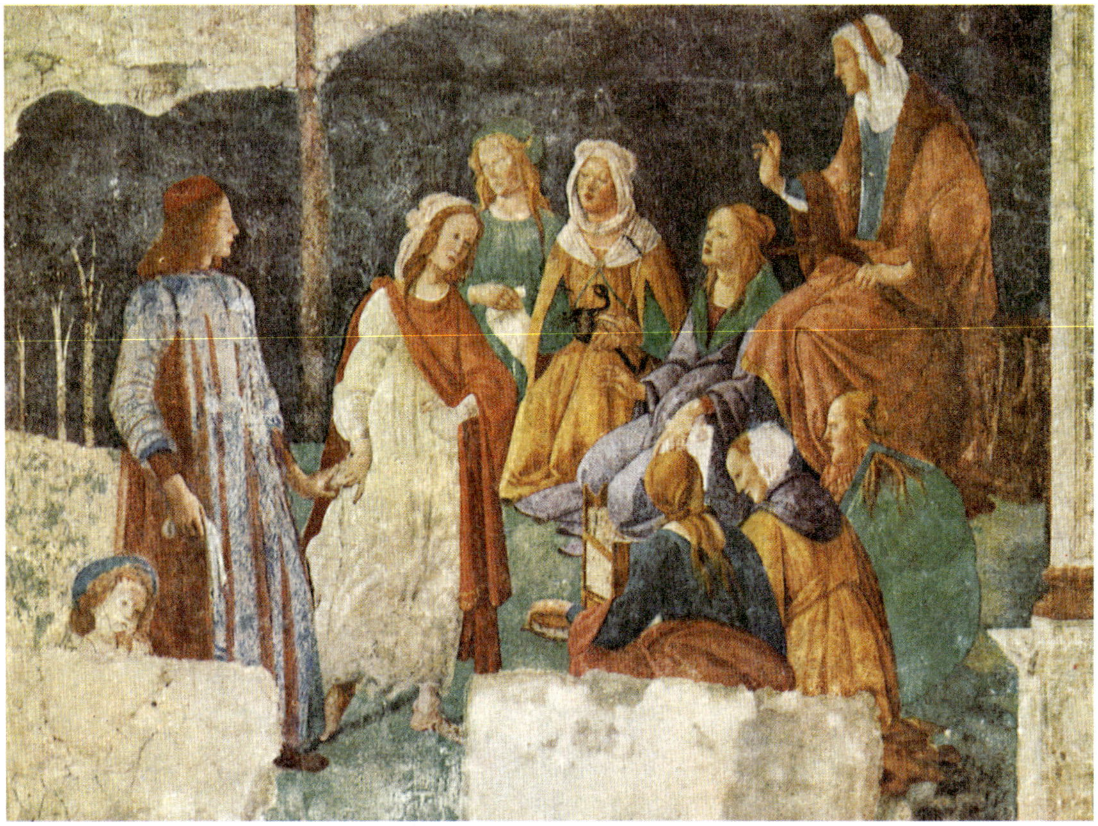

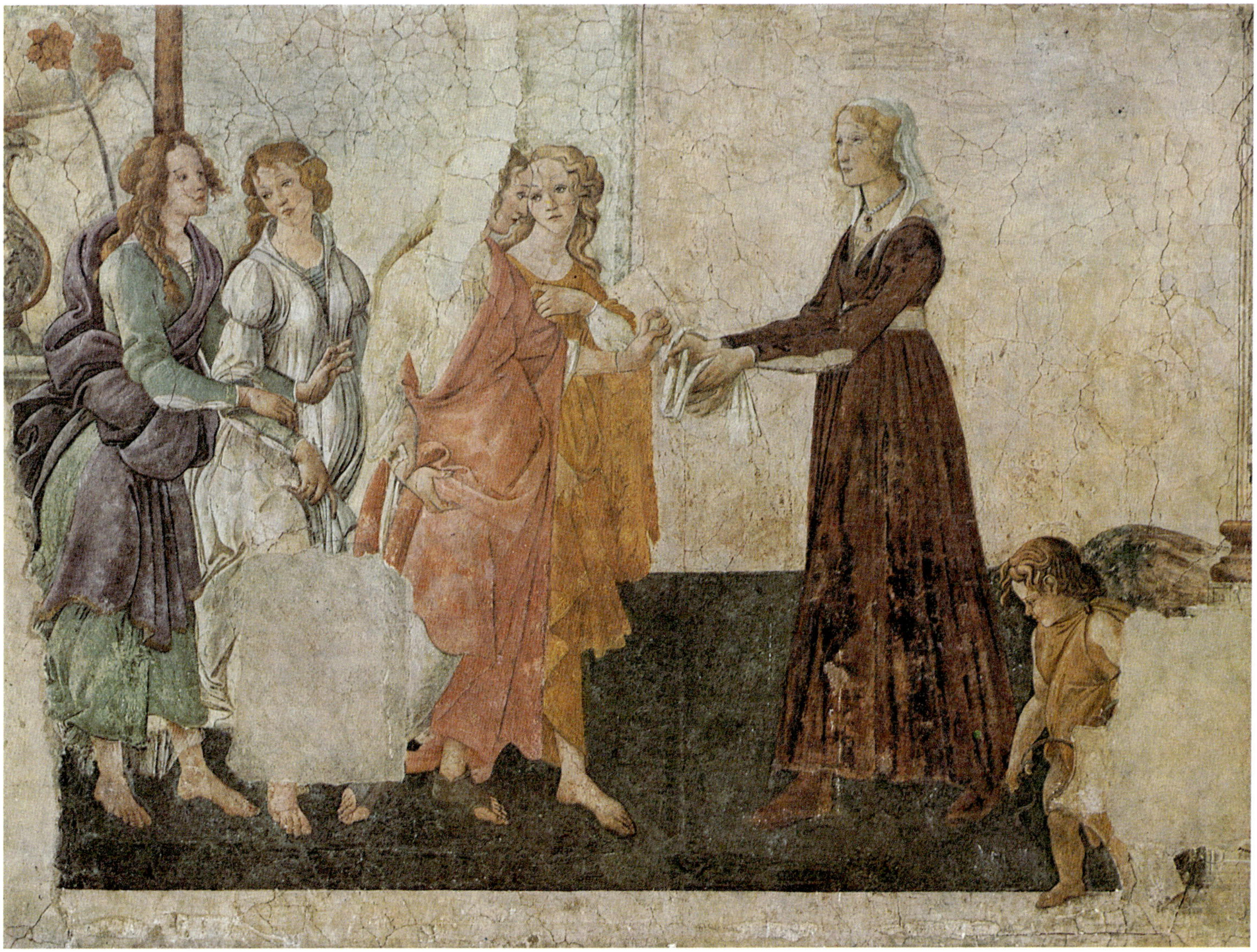

Giovanna degli Albizzi et les Vertus Cardinales (fresque) – 1486.

dans la pureté de ses formes créées. Pour Botticelli, c'est la vertu intellectuelle qui triomphe de la sensualité. Ce beau corps de femme qui rachète ou sublime son aspect physique par ses formes diaphanes et ses lignes pures est comme un défi — défi intellectuel — jeté à la sensualité. D'autre part, le paysage, comme Francastel l'a déjà fait observer, n'est qu'une simple toile de

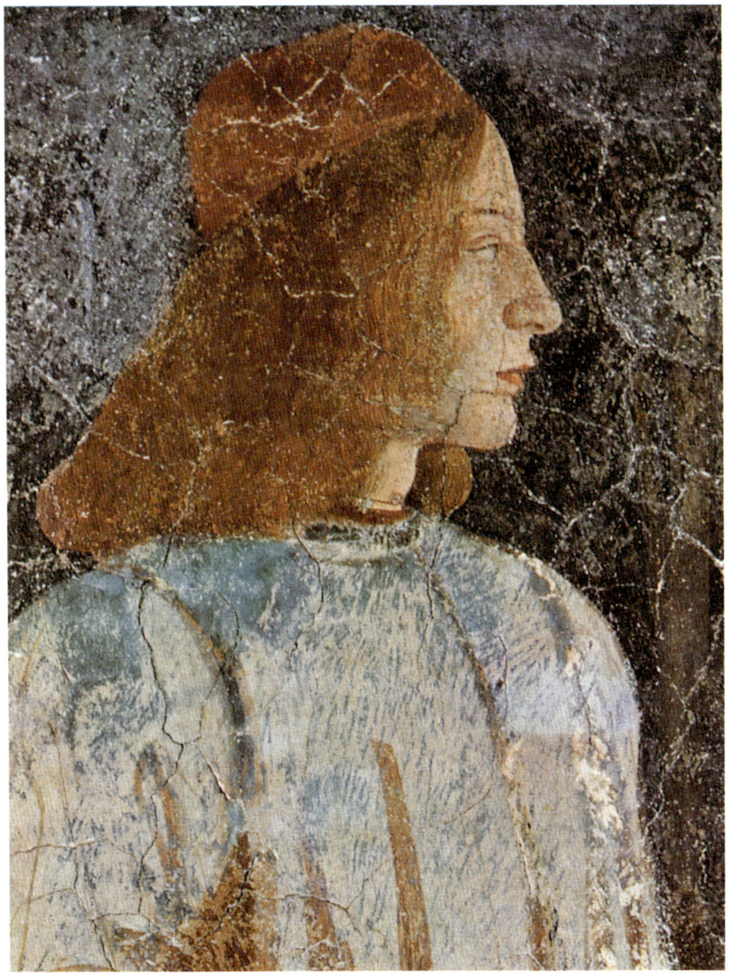

Lorenzo Tornabuoni et les Arts Libéraux, détail: Lorenzo Tornabuoni (fresque) – 1486.

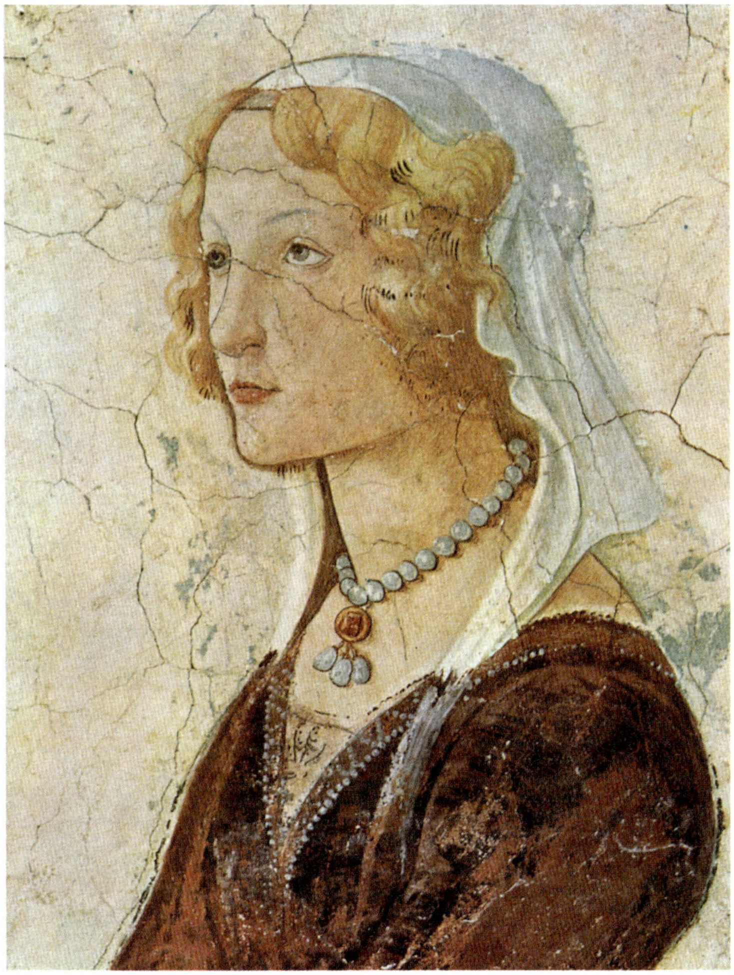

Giovanna degli Albizzi et les Vertus Cardinales, détail: Giovanna degli Albizzi (fresque) – 1486.

fond, sans profondeur apparente. Les vagues ressemblent à des accents circonflexes sur le bleu pâle des eaux; elles ne sont du reste que des symboles abstraits, montrant que la mer s'agite sous le souffle du Zéphyr. Le peintre, à vrai dire, ne choisit pas délibérément un symbole: celui-ci apparaît quasi spontanément lorsque le rappel de la nature est réduit au signe le plus immatériel et le plus intellectuel entre tous: la ligne. Dans le *Printemps*, l'image était tissée d'une multitude d'allusions et de significations possibles: ici c'est la netteté de l'image et son isolement qui font surgir la signification symbolique. Le sens caché de cette œuvre doit probablement être cherché dans la présence, visible ou non, des quatre éléments: les eaux et leur étendue infinie; la terre, aussi féconde que la mer est stérile; l'air, qui donne la vie; le feu ou l'esprit, dont la présence est sous-entendue dans le mouvement des cheveux, dans la mante agitée par le vent. L'humanité naît à la civilisation, elle naît de rien, et aborde au rivage d'une nature qui l'accueille et la vêt. Cette œuvre est plus tardive que le *Printemps* (toutes les deux furent peintes pour Lorenzo di Pierfrancesco de' Medici, élève préféré de Marsil Ficin), mais elle en est toutefois comme l'antécédent. Du binôme *Venus-Humanitas* elle accentue le premier terme (*Venus*, début de la création) alors que le *Printemps* en accentuait le second (*Humanitas*, civilisation, culture).

On retrouve ce même thème de la *Venus-Humanitas* dans les deux fresques peintes en 1486 pour les noces de Lorenzo Tornabuoni et de Giovanna degli Albizzi. L'allégorie est ici fort simple: dans une de ces deux fresques, Vénus présente les trois Grâces à Giovanna, tandis que dans la seconde, elle conduit Lorenzo vers les Arts Libéraux. Mais une aura poétique sans précédent enveloppe ces scènes: un charme qu'on croirait volontiers repris du Trecento, du *dolce stil novo* ou de Pétrarque. Jamais comme dans ces visions si pures, le rythme de la ligne et de la composition n'a réussi à épouser la cadence inégale — et mélodieuse — de la chanson, et les couleurs mêmes parviennent à s'harmoniser par de subtiles consonances ou dissonances, sans aucun rapport apparent avec l'espace ou la lumière. Les trois Grâces, par exemple, se posent sur le sol sans poids et presque sans mouvement et si leurs vêtements ondoient, comme animés par le vent, c'est que leur nature n'est pas terrestre, mais céleste. C'est un mouvement qui est beau en soi, non parce qu'il traduit un geste ou une vibration de l'air, mais parce que ses brusques sursauts ou ses abandons lents trahissent le mouvement alterné et continu de l'âme: c'est le symbole abstrait de la spiritualité.

Mais juste au moment où, pour traduire le mouvement, la ligne semble s'affranchir de la médiation de la figure humaine, voilà que le rythme abstrait renonce à toute signification secrète, s'offre directement à nos sens et devient immédiatement perceptible et tangible. C'est la ligne qui prend alors, dans son apparente abstraction, la valeur concrète, déterminée et constante de la forme. En effet, l'image ayant désormais dépassé le lien qui l'attachait au sensible, elle ne naît plus de la spiritualisation de l'objet ou de la recherche du royaume des idées pures, puisque l'idée elle-même, sans rien perdre de sa spiritualité, peut se manifester dans des «signes» sensibles. C'est enfin l'idée qui révèle, clairement, la «beauté», caractère spécifique de l'image. Ainsi, on peut dire que ces deux fresques, ces deux «visions» marquent le moment extrême, qui ne sera jamais dépassé, du néo-platonisme de Botticelli. Au-delà de cette limite ne pouvaient plus subsister ni aspiration, ni tension intellectuelle; il restait le feu brûlant, le zèle de la foi. La crise religieuse du peintre est un fait historiquement certifié; les prédications de Savonarole y contribuèrent certainement, mais en vérité elle était aussi la conclusion inévitable du cheminement intellectuel de Botticelli et, du reste, les premiers indices se font déjà sentir bien avant le moment crucial de la lutte politico-religieuse entre Savonarole et les Médicis.

La Madone, saint Jean-Baptiste et saint Jean l'Evangéliste (Berlin), datant de 1485 environ, est une œuvre rigoureusement fermée par le fond de feuillage qui encadre les figures, sévère et âpre dans les traits qui définissent les visages et les corps des saints. La composition est rituelle, ostensiblement conforme à l'iconographie traditionnelle. Il n'y a presque pas de mouvement, l'immobilité absolue des corps souligne la tension de la ligne, qui ne veut en effet ni traduire ni manifester un mouvement physique; par la nudité du trait, par son âpreté, elle ne veut qu'exprimer la tension intérieure de l'âme. Pour Botticelli comme pour Léonard, le mouvement des lignes révélait les mouvements intérieurs, mais pour Léonard, ceux-ci étaient des «accidents de l'esprit» (*accidenti mentali:* c'est-à-dire encore des phénomènes), tandis que pour Botticelli, ils traduisaient la substance même de la vie spirituelle. Pour l'un comme pour l'autre, la vie intérieure se reflète dans les expressions de la physionomie, mais Léonard veut en démontrer la variété et les changements et Botticelli la continuité et la constance de la tension spirituelle.

De même que le symbolisme mythologique de Marsile Ficin tendait à reconstruire la «véritable» image des dieux (Gombrich), ainsi Botticelli veut maintenant fixer la «véritable» image des saints, donner un visage bien défini à leur vertu héroïque. A l'époque, on tirait souvent de ces représentations des

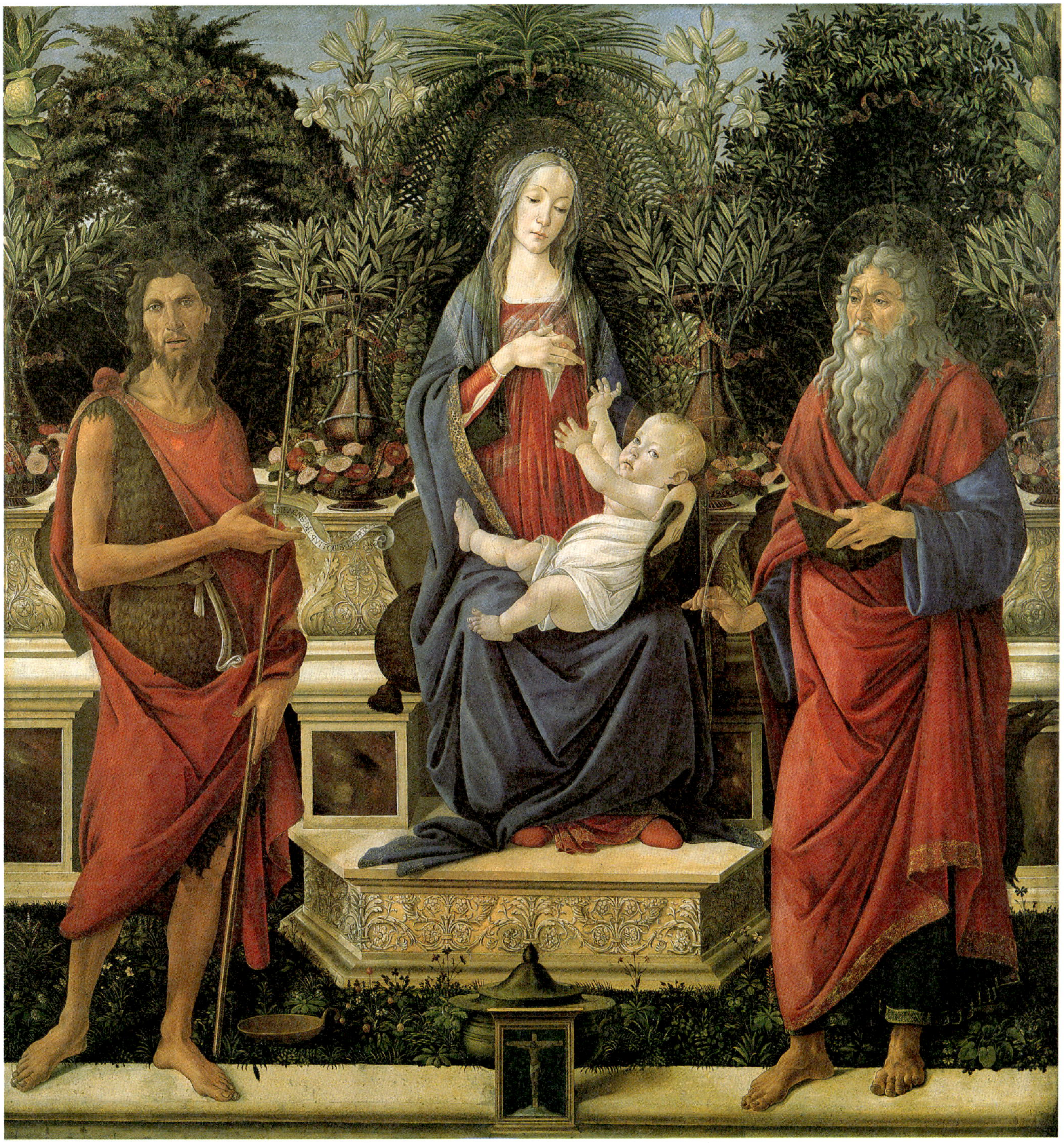

La Madone, saint Jean-Baptiste et saint Jean l'Evangéliste – vers 1485.

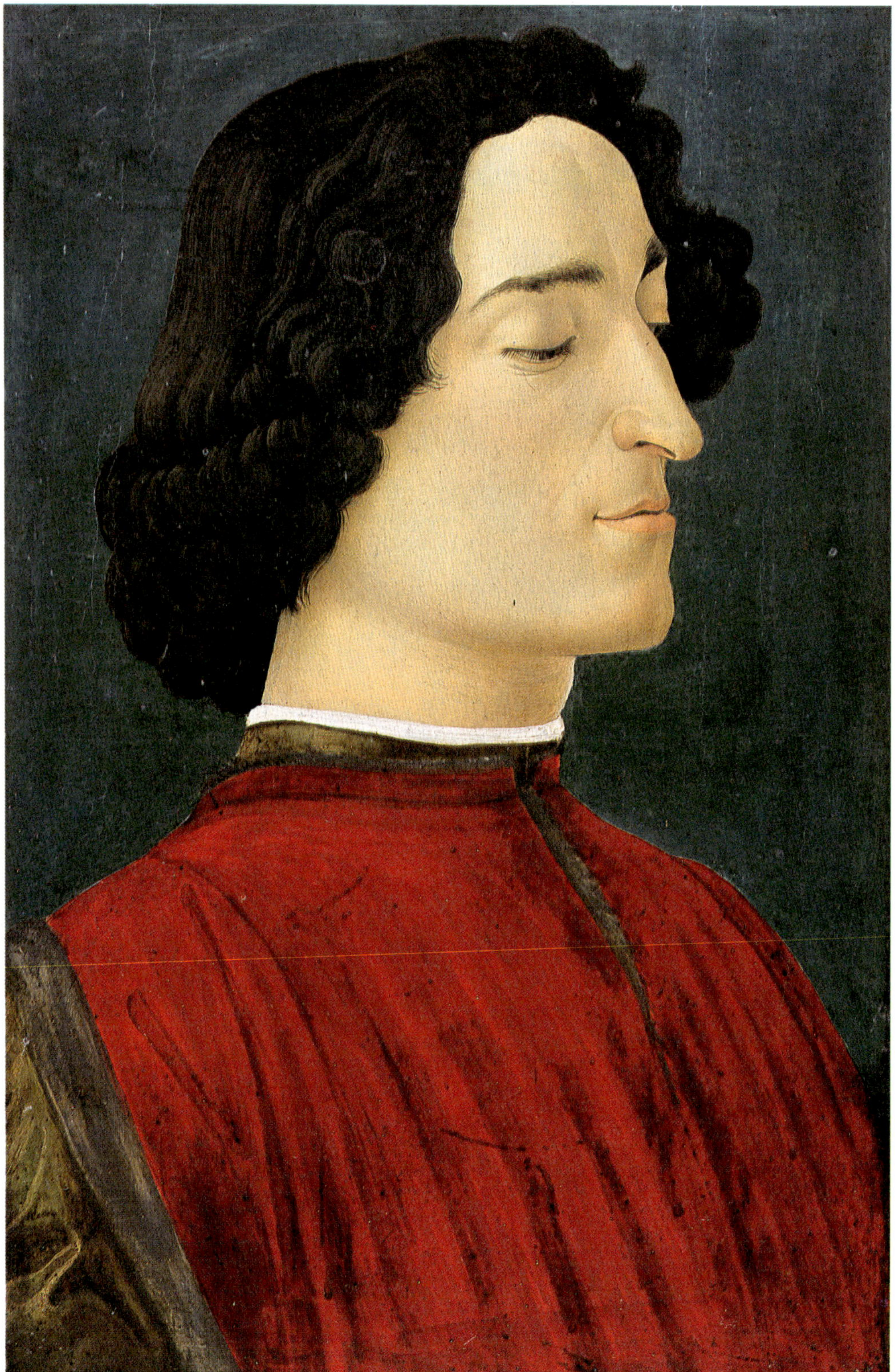

Julien de Médicis – 1478?

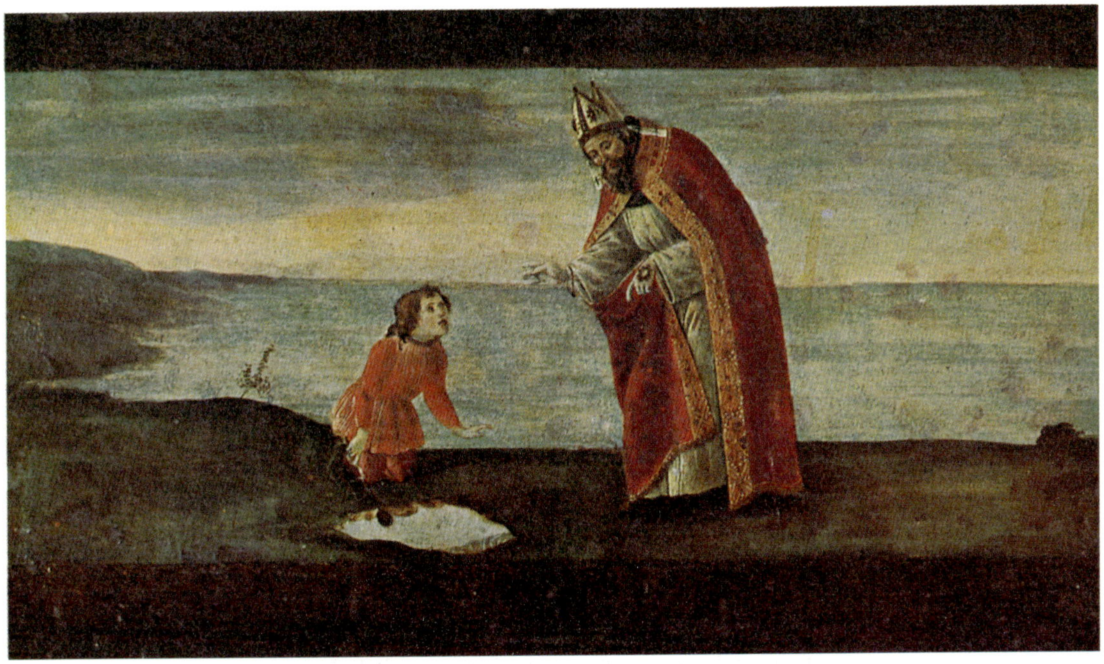

Retable de Saint-Barnabé, fragment de prédelle:
La vision de saint Augustin – vers 1487.

estampes que l'on diffusait, les commentant de versets dévots; ce qui signifie que les images «belles» étaient des images de dévotion et que la peinture devenait le lien entre la doctrine et la conscience populaire. Le *Retable de Saint-Barnabé* (1487 environ) semble en effet vouloir fixer le «type» du grand retable, transformer le caractère rituel de l'art en une liturgie. Les saints forment comme deux ailes de chaque côté de la Vierge, assise sur son trône aux formes élégantes; quelques anges tiennent les pans du baldaquin, d'autres montrent les symboles de la Passion. Toute la composition est enfermée dans une vaste voûte qui fait allusion non seulement au caractère universel de l'Eglise, mais, par ses formes classiques, à ce qu'elle avait de romain. Pourtant, dans cette disposition rituelle et aulique, chaque détail vibre par la tension contenue du trait, et les scènes des prédelles sont traduites en images rapides et immédiatement évocatrices. Ce sont des représentations brèves, résumées, comme les versets d'un psaume, mais aussi réelles et piquantes que

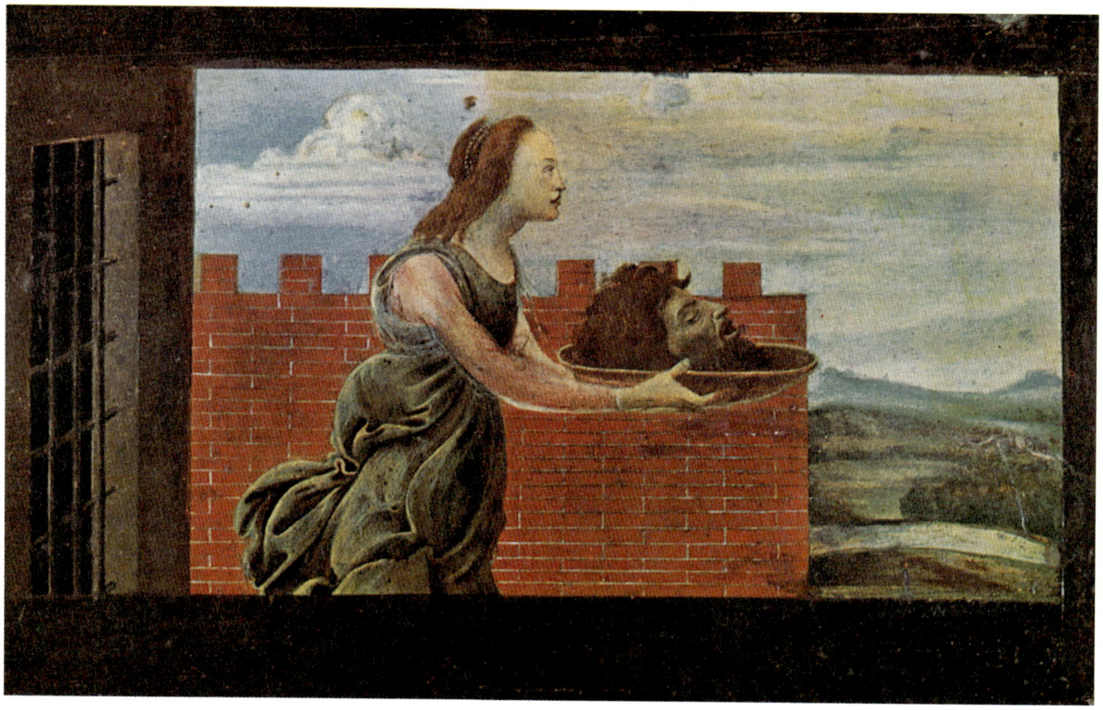

Retable de Saint-Barnabé, fragment de prédelle: Salomé – vers 1487.

des couplets populaires. Ce mélange de doctrinaire et d'ingénu, d'un langage aristocratique et du franc-parler toscan, cette attitude qu'il serait plus juste d'appeler «populiste» que «populaire», est l'aspect qui rapproche davantage Botticelli de l'esprit de Savonarole. Celui-ci ne voyait-il pas dans ses prophéties le peuple florentin, appelé par Dieu, partir à la rescousse morale de l'humanité?

La composition du grand *Couronnement de la Vierge* (Offices) est sévère dans sa disposition rituelle; elle traduit la vision céleste de manière si proche et concrète qu'on croirait pouvoir la toucher de la main. Botticelli veut montrer par là que la vérité du dogme devient une réalité positive pour tous ceux qui, à l'exemple de ses saints, comme taillés dans le roc, ont su parvenir à ce degré d'héroïsme moral. Cette fois encore, les scènes de la prédelle sont aussi concises, toutes vibrantes de vivacité. Désormais, convaincu que le but final de l'art est l'apostolat religieux, le peintre se désintéresse des anciennes

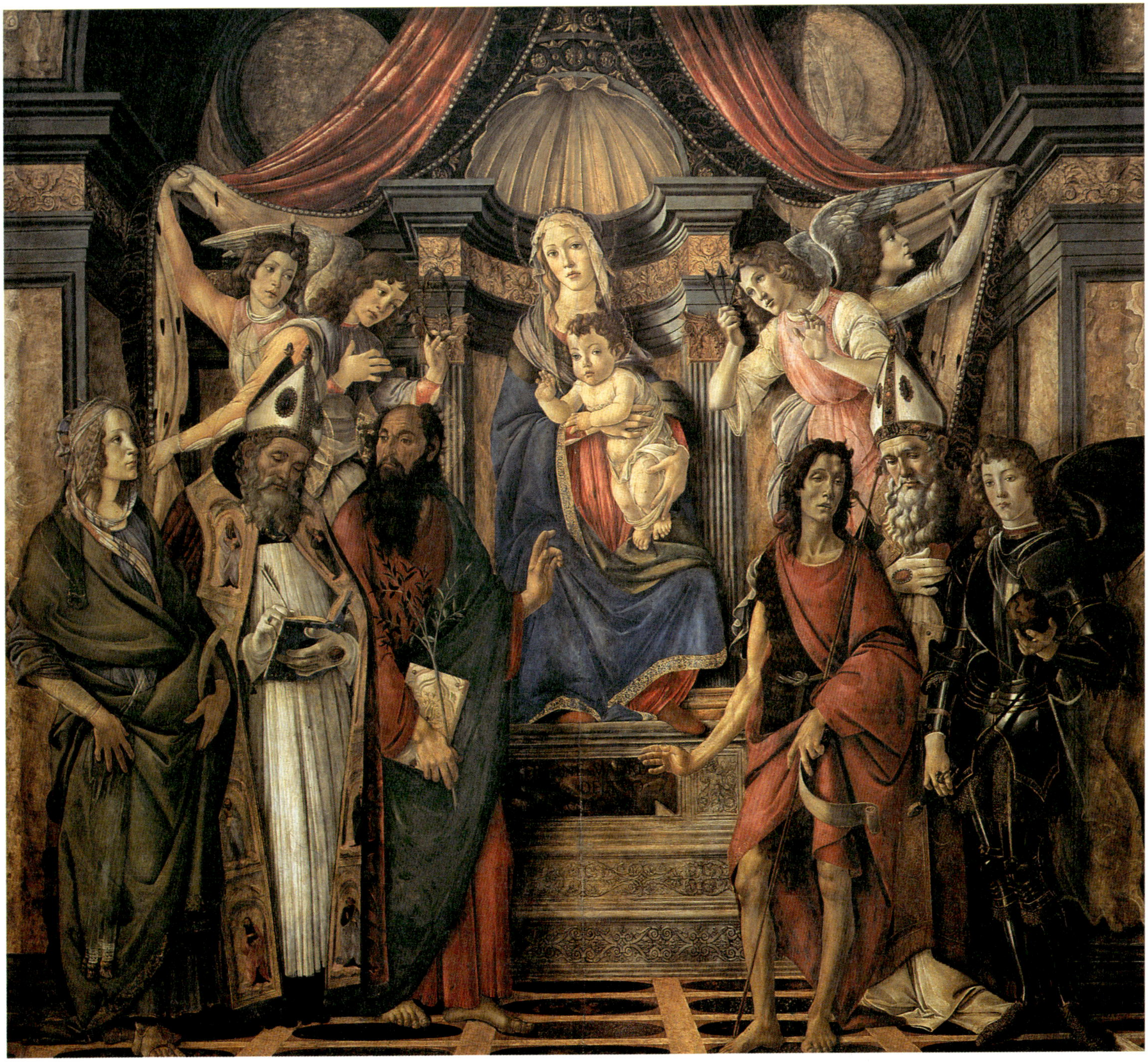

Retable de Saint-Barnabé. La Vierge à l'Enfant sur le trône, entourée de quatre anges et six saints – vers 1487.

polémiques qui pour lui n'ont plus aucun sens et retrouve dans ces faits mêmes qu'il combattait jadis pour des raisons idéologiques les marques de l'éternelle vitalité du langage florentin. Ainsi, dans les scènes de l'*Annonciation* et le *Saint Jérôme* on voit affleurer un écho inattendu des œuvres florentines de Léonard: mouvement rapide des figures, fusion profonde de la lumière et de la perspective, vibration atmosphérique et lumineuse du paysage. *Saint Augustin* est éclairé par une lumière latérale rasante (une *vraie* lumière, incisive et laissant des ombres) qui réduit la table à une simple bande lumineuse et d'un coup abolit les distances perspectives. Dans le *Miracle de saint Eloi*, la construction devient même purement picturale, faite de vives oppositions de couleurs.

L'*Annonciation* (Offices) est nourrie de souvenirs de Lippi: la douce pénombre de la chambre, la perspective mesurée du sol et les gestes lents des figures. Mais dans la manière de situer la Vierge à l'extrême bord du tableau, comme si elle s'apprêtait à en sortir, le peintre reprend le modèle de Donatello dans l'*Annonciation* de la chapelle Cavalcanti à Santa Croce. (Il ne faut

Retable du Couronnement de la Vierge, fragment de prédelle: Saint Jean à Patmos – 1488-1490.

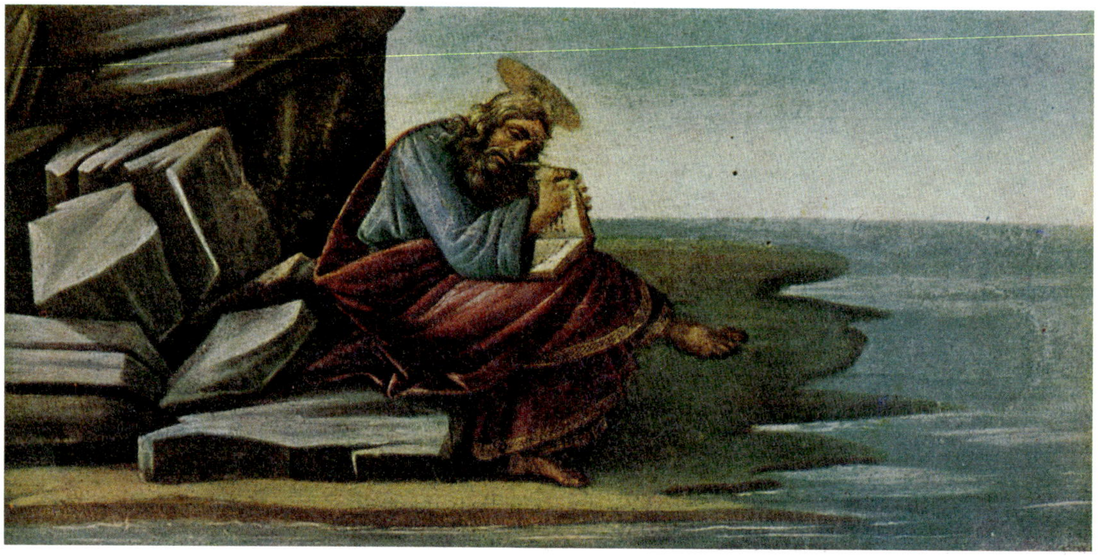

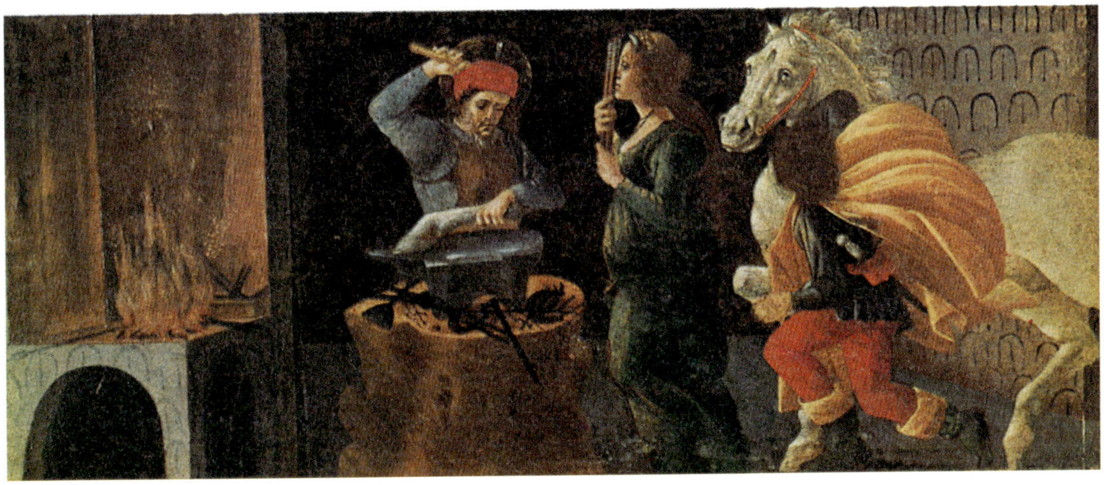

Retable du Couronnement de la Vierge, fragment de prédelle:
Le miracle de saint Eloi – 1488-1490.

pas oublier que nous sommes alors vers 1490.) Certes, ces lointains souvenirs se ressentent aussi de la tension religieuse de l'artiste. L'ange est entièrement pris et comme noué dans l'action simultanée d'arrêter son vol et de se prosterner. Et ce mouvement se répercute à distance, telle une vague sonore, dans les courbes douces de la Madone. Il s'agit sans doute ici d'une des œuvres les plus plastiques de Botticelli. Sa plastique pourtant ignore le clair-obscur et le rehaut des volumes; elle naît directement du rapport entre mouvement et lumière, construite par des effets de lumière rasante, transparente, diffuse ou frappante. Mais la solidité formelle qui en résulte n'implique nullement la pensée ou la présence d'une chose naturelle. C'est le fait même de l'image qui se fixe dans les multiples gradations et valeurs de la lumière. Ainsi Botticelli, après son cheminement intellectuel long et tourmenté, parvient au point que Léonard avait atteint d'un bond; il ressent la nécessité d'un espace-lumière et d'un mouvement des figures qui soit un accord frémissant avec la substance mobile du cosmos. Mais pour un peintre qui ne s'intéressait pas à la connaissance, qui ne regardait jamais la réalité, quelles conséquences peut avoir l'intuition que l'image n'est plus un dépassement de l'objet, mais est elle-même «forme et chose», ayant l'aspect concret de la réalité? Une si grande spiritualité reportée sur le monde, mise au service d'une volonté d'action, ne pouvait se transformer qu'en un zèle moral; et morales, moralistes même, sont les dernières œuvres de Botticelli.

Lorsqu'on se propose un but moral, on met au service de celui-ci toutes ses connaissances, et dans la *Calomnie d'Apelle* (1494 environ), Botticelli fait preuve effectivement de sa culture humaniste, de sa science technique et formelle. Il veut encore une fois faire une reconstitution idéale d'une œuvre d'Apelle: il met ostensiblement en lumière sa connaissance des textes, sa parfaite compréhension des significations allégoriques non seulement des figures, mais aussi des couleurs. Il construit une perspective dans la règle de l'art, compose la représentation selon les canons établis, évitant un nombre excessif de personnages, en même temps que la «solitude». Il étudie un par un chaque mouvement physique et physionomique et recherche un dessin d'une extrême pureté. Bref, il veut faire une œuvre parfaite. Pourtant, la sévérité qu'il s'impose naît du but moral qu'il veut atteindre. Il veut illustrer l'horreur du mensonge, la faiblesse du jugement humain et la beauté de la vérité.

Le fond d'architectures est décrit avec beaucoup de soin et montre, jusque dans leurs moindres détails, les statues allégoriques et les bas-reliefs aux sujets allégoriques et moraux décorant les soubassements, la frise et les caissons. A la base de cette illustration se trouve donc le thème du «visiteur» qui regarde, plein d'admiration, pendant son pèlerinage imaginaire, les merveilles de l'Antiquité. Ce thème est né certainement du voyage en rêve de Dante qui sera développé et repris plus tard dans le *Songe de Polyphile*. Mais voilà que pendant que le visiteur contemple la splendeur des formes antiques et la sagesse des exemples moraux qu'elles révèlent, la scène immobile s'anime d'un coup; quelque chose se passe de terrible, de mystérieux. Plus tard seulement le pèlerin comprendra que cet événement qui l'effraie et qui se répète continuellement a, lui aussi, une signification allégorique et morale et que les personnages du drame sont des concepts personnifiés. L'Antiquité n'est donc pas une époque historique déterminée, c'est le domaine lointain des idées, là où résident les causes profondes de l'action humaine. Mais là réside aussi la limite de l'antique sagesse. Si les raisons d'agir

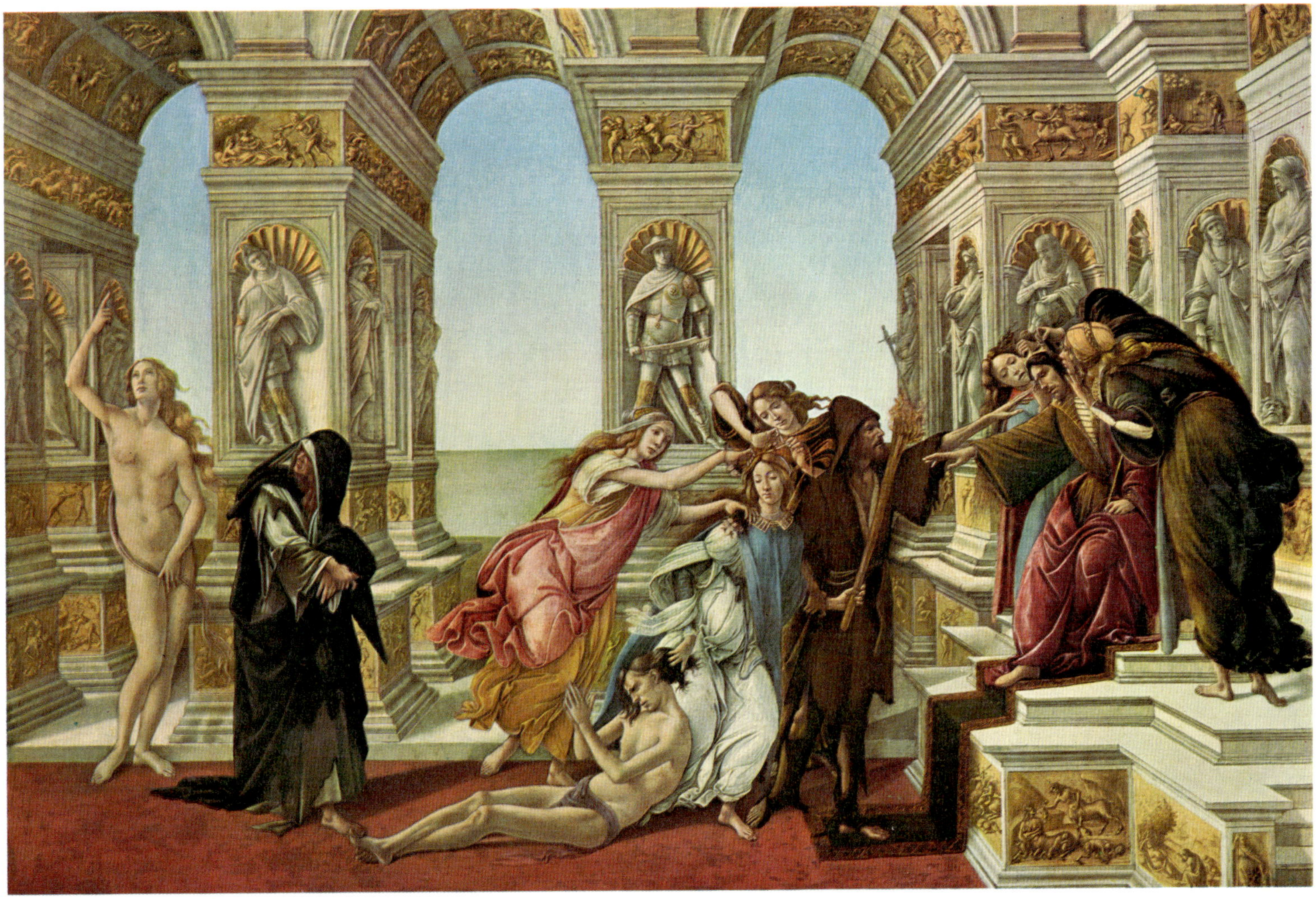

La Calomnie d'Apelle – vers 1494.

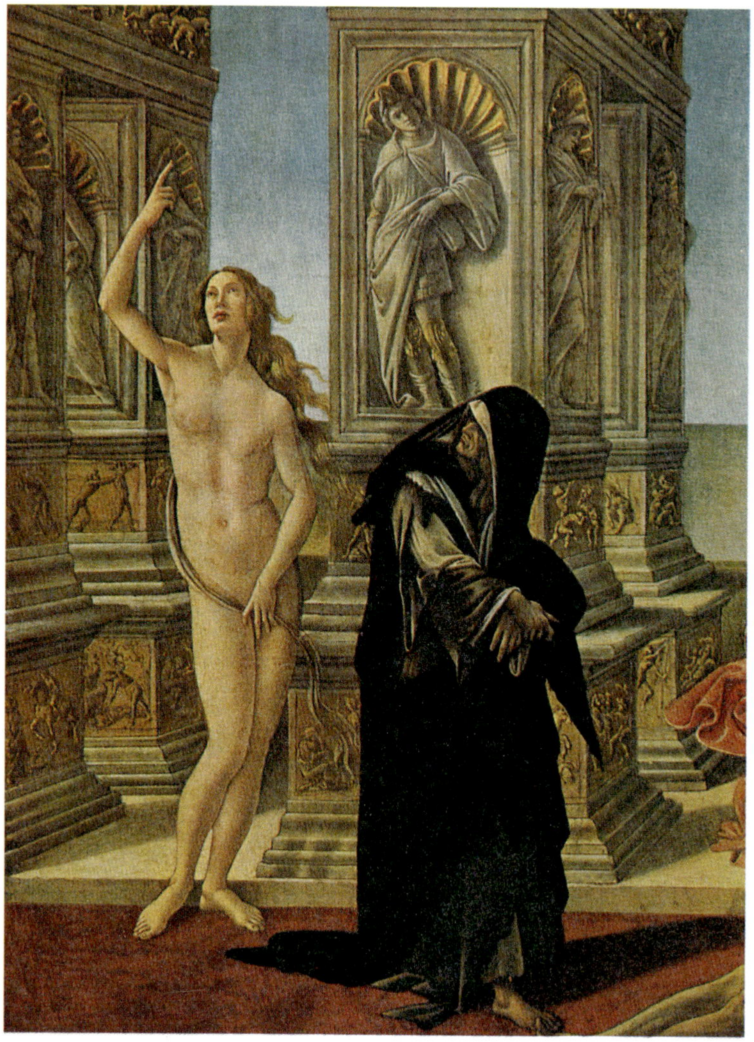

La Calomnie d'Apelle, détail – vers 1494.

sont toujours les mêmes, si tout ce qui arrive est une répétition, si l'humanité n'a pas d'histoire, cette sagesse ne peut plus prétendre à un résultat, au salut final. Ou plutôt, celui-ci ne peut être atteint à travers la philosophie naturelle et morale des anciens, mais seulement à travers la grâce et la révélation.

La *Calomnie d'Apelle*, consciemment ou non, laisse paraître cette limite. Le rythme des lignes n'a pas seulement une raison stylistique. Accentué par

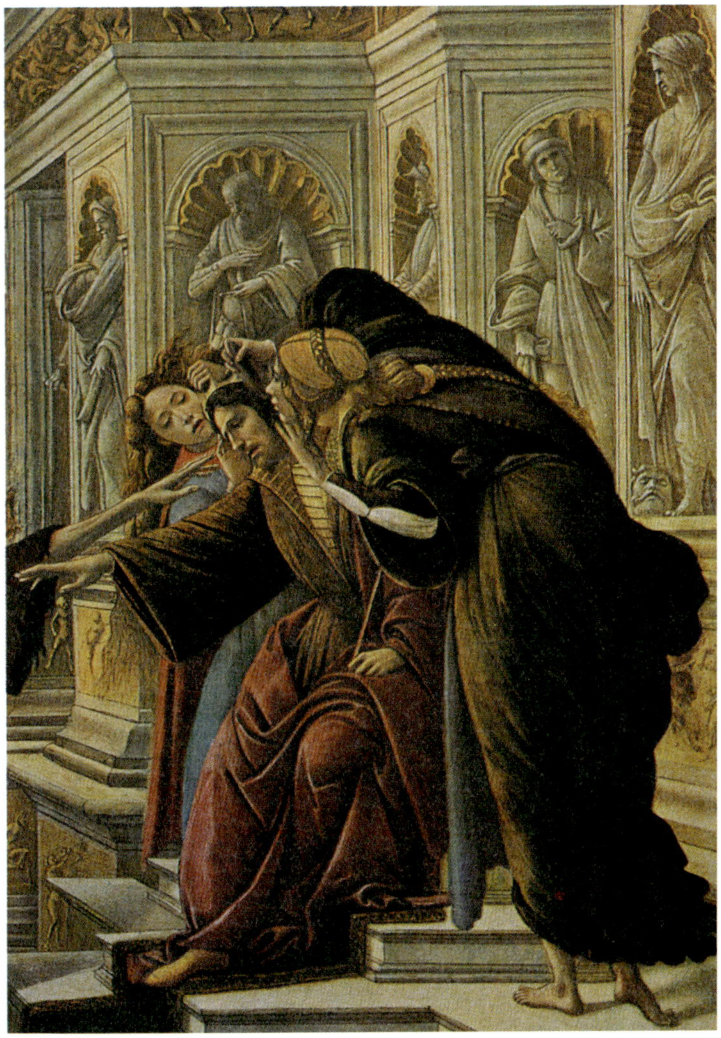

La Calomnie d'Apelle, détail – vers 1494.

la fixité perspective et formelle des architectures, le mouvement part des pieds de la victime, monte dans un crescendo jusqu'au trône du juge mal conseillé et de là, prenant la dernière figure à droite comme pivot, il revient, en passant par le bras tendu du juge, à son point de départ. C'est un mouvement qui se répète continuellement parce que cet épisode, plein de violence, se répétera aujourd'hui, demain, toujours.

La *Derelitta* (Rome, collection Pallavicini) est une nouvelle confirmation de cette thèse. Nous avons déjà parlé de son interprétation la plus plausible: ce serait l'illustration de la *Virtus* séparée de la *Sapientia*, thème qui peut sans doute être mis en rapport avec celui d'un dessin représentant les *Infidèles et la descente du Saint-Esprit* et conservé à Darmstadt. Le motif de la porte fermée est celui de l'âme exclue de ce qui pouvait la sanctifier. Ce mur de pierres équarries est impénétrable, et vainement accueillante est la perspective du couloir qu'une porte surmontée de clous vient fermer. Directement ou non, ce thème se rapporte à celui de la *Calomnie*. Il symbolise la séparation de deux doctrines inconciliables, l'inutilité de la *Virtus* si la sagesse suprême, qui est la révélation divine, vient à manquer. Si cette interprétation est exacte, si par des tableaux tels que la *Calomnie* et la *Derelitta*, le peintre a véritablement voulu jeter une tardive et douloureuse condamnation contre cette pensée humaniste qui, à Rome, au contraire, commençait à s'intégrer dans la pensée chrétienne, il doit y avoir à la même époque, en contrepartie, des œuvres où s'exaspère le zèle religieux du peintre. Et il en est bien ainsi. Qu'on pense à l'*Annonciation* (Hanovre), à la *Communion de saint Jérôme* (New York), à la *Mise au tombeau* (Milan et Munich), à la grande *Nativité* (Londres). Le soin raffiné que le peintre avait mis à la description dans la *Calomnie d'Apelle* avait une raison d'être lorsqu'il s'agissait de démontrer une vérité morale. Mais cette raison tombe lorsqu'il veut présenter un dogme, un mystère de la foi. Discours et argumentation deviennent alors inutiles; c'est une communication directe qu'il faut atteindre, par une sorte de fulguration.

Dans l'*Annonciation* (Hanovre), Botticelli place un personnage supplémentaire: une femme qui prie. Située au premier plan, elle est plus petite que les autres figures, le rapport de perspective est donc inversé. Les tons du vêtement de la Vierge et du voile de l'ange créent une relation purement coloriste entre la figure foncée de l'une et lumineuse de l'autre. Il ne s'agit donc plus de la représentation d'un fait, ni d'une vision mystique, mais d'une miraculeuse incarnation du mystère sacré dans la prière des dévots. L'image est rapide et sommaire, la ligne suit les zones de couleurs, marquant brièvement les silhouettes contrastées de l'ange et de la Vierge qui se penche. Et c'est

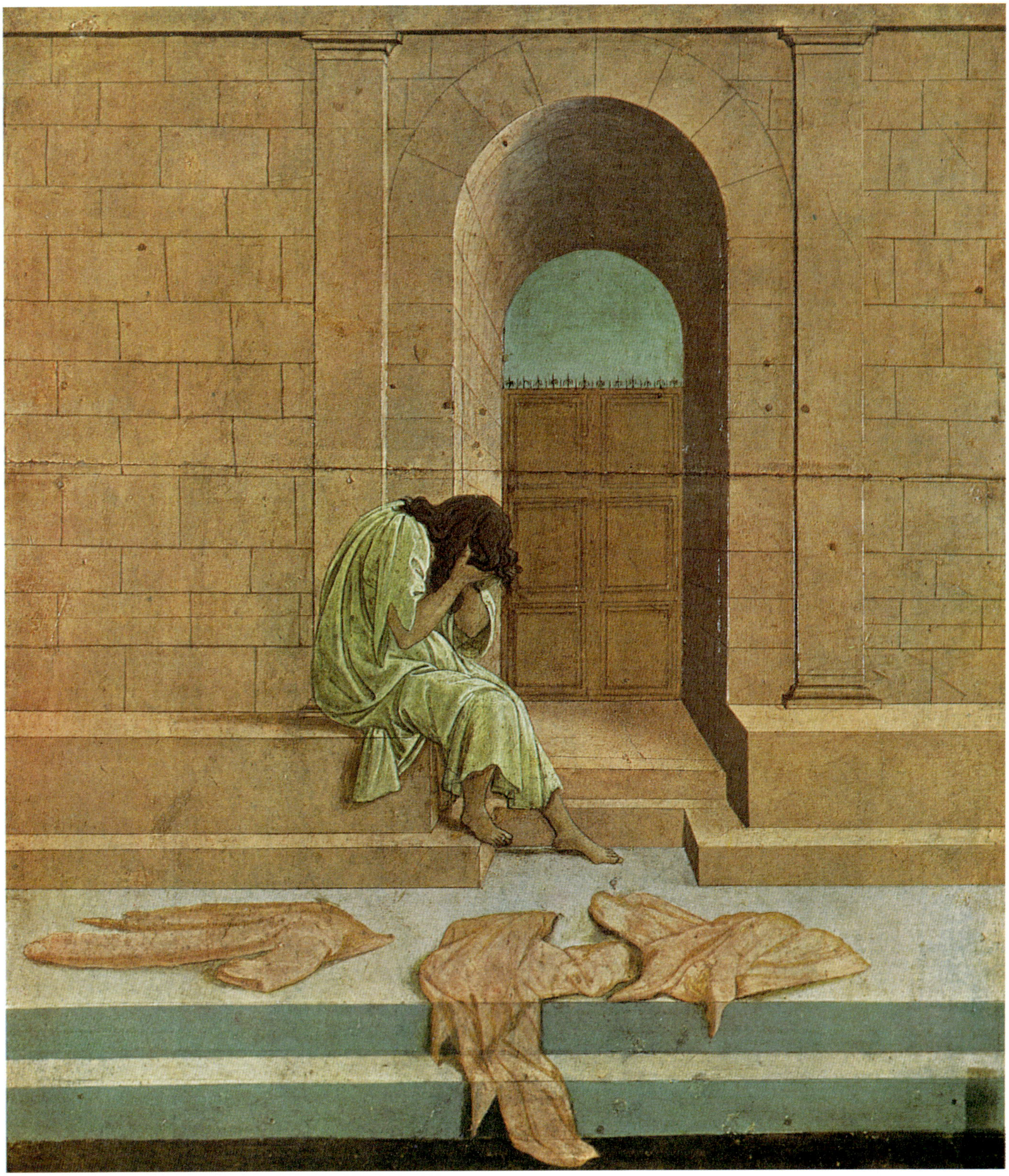

La Derelitta – vers 1490.

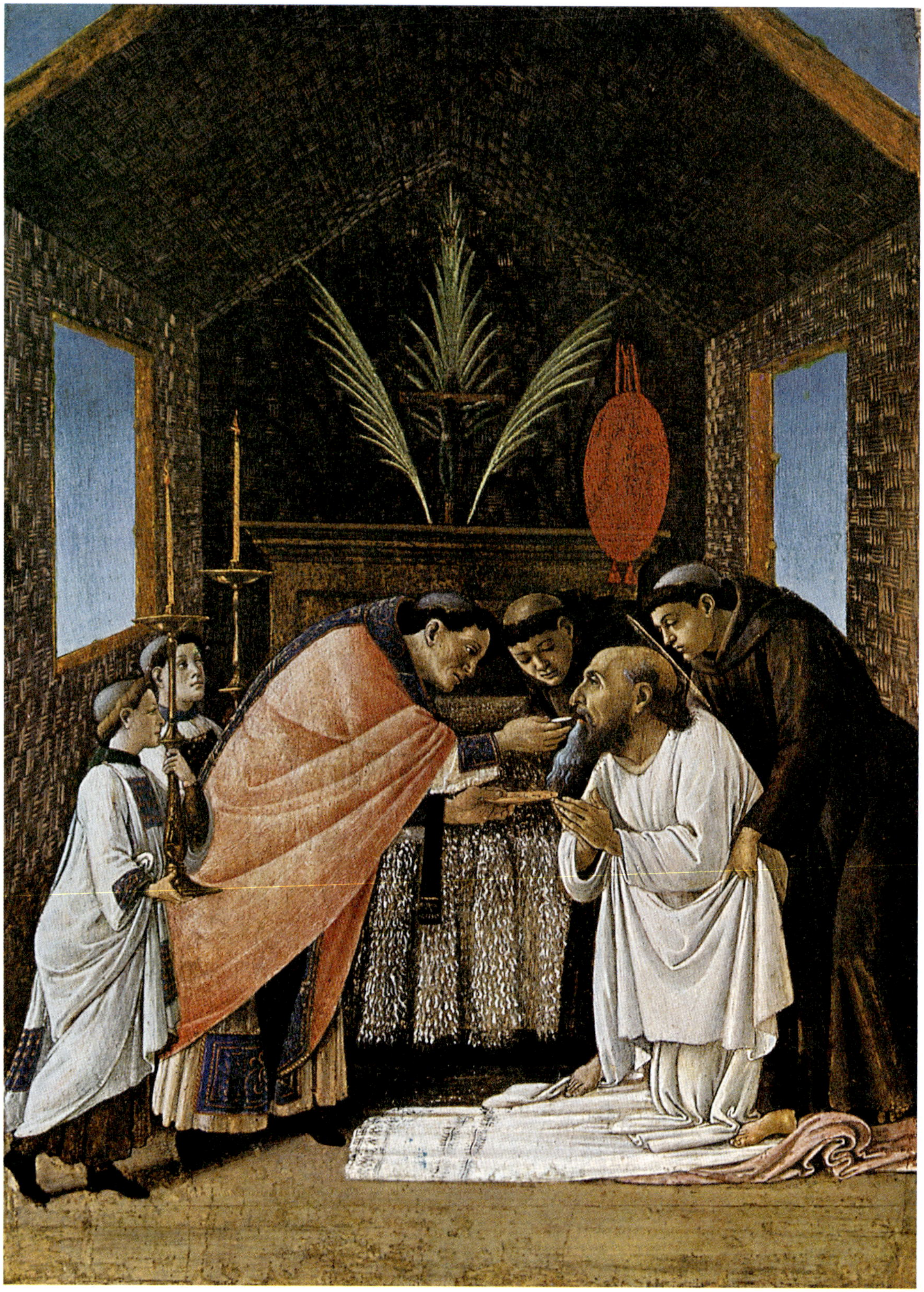

La Communion de saint Jérôme – vers 1490.

justement l'intensité de la ligne qui confère son diapason au timbre de la couleur.

Du point de vue de la représentation, la *Mise au tombeau* (Milan, Musée Poldi-Pezzoli) est à l'opposé de la *Calomnie*. Son allégorie morale exige des images aussi distinctes que les concepts qu'elles personnifient: mais la Vérité de la foi est une. Unique en effet est l'image, même composée de différentes figures; unique est le thème, même s'il comporte toute une gamme de pensées allant du fait (personnifié par le corps inerte du Christ) au symbole (représenté par la couronne d'épines et les clous). Unique encore est le *pathos* exprimé par les lignes de force qui se développent dans un crescendo contrasté, au sein même de l'unité de l'image, par des poussées et des chutes, des angles et des courbes, tout un jeu enfin qui fait penser à l'articulation tendue et nerveuse d'une architecture gothique. Les plis rigides et immobiles du manteau de la Vierge donnent une base au groupe pyramidal qui s'encadre dans l'ouverture en perspective du tombeau; le corps du Christ se découpe en arêtes vives sur le linceul dont la courbe se retrouve, inversée, dans la ligne nerveuse du manteau de la Madeleine, devenant alors une sorte d'arc de soutien. S'écartant à peine de la verticale, le geste répété du bras de la Vierge et de celui de saint Jean l'Evangéliste porte le regard dans un rythme lent, syncopé tel un sanglot, vers le moment, d'un pathétique intense, où deux têtes se rejoignent. Au-delà, aucun geste n'est plus possible, si ce n'est celui de la purification finale, l'accomplissement du symbole. Seul Michel-Ange, des années plus tard, comprendra la portée d'une telle composition, qui sait à la fois éviter la cruauté du drame et l'abstraction de l'idée: puisque dans l'Idée est déjà comprise, présence tragique, toute la réalité.

Vasari, dans ses *Vies*, insiste plus qu'il ne faudrait sur la décadence et la vieillesse inactive de Botticelli. Ce qui nous fait pener qu'au commencement du siècle, celui-ci apparaissait déjà comme un peintre dépassé, se survivant à lui-même. Sa dernière œuvre datée est la *Nativité* de Londres, exécutée en 1500, l'année même du retour de Léonard à Florence. Serait-il arbitraire de supposer un renouveau de la vieille polémique qui les avait opposés, aggravée encore par le raidissement de l'argumentation religieuse de l'un et par l'approfondissement de l'argumentation scientifique de l'autre? Certes, la

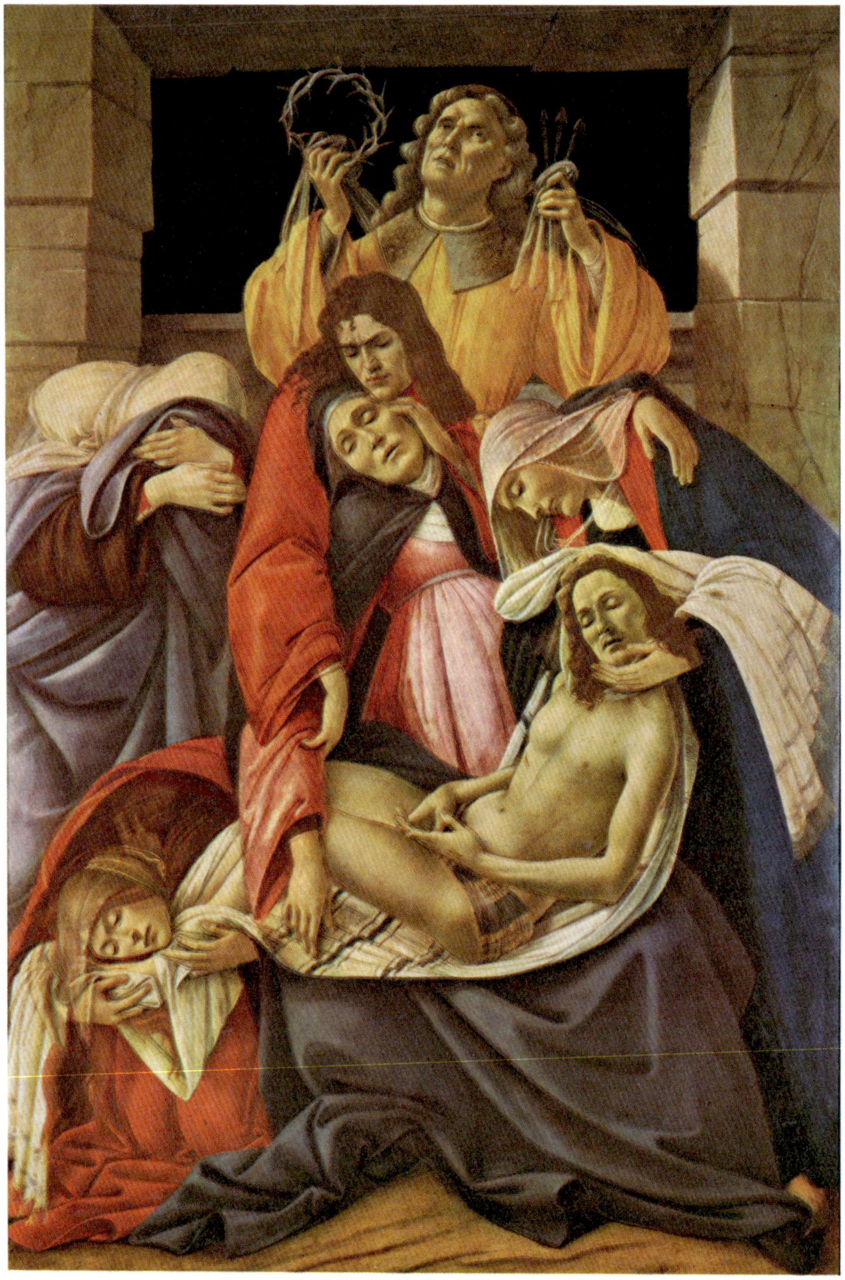

La Mise au tombeau – 1500.

Nativité est une des œuvres les plus archaïsantes et dévotes du peintre et elle est intimement liée à la situation politique et religieuse fort angoissante. Elle est à la fois édifiante et menaçante. La composition bizarre, qui obéit à l'ordre et à la hiérarchie des images, est presque ostensiblement rituelle et anti-perspective. C'est une œuvre presque trop ornée et enjolivée, trop musicale dans ses rythmes brefs et isolés comme autant de motets. Elle est volontairement ingénue, populaire et artisanale dans le choix des couleurs, simple et claire dans la profusion de l'or. Bref, rien ne s'oppose davantage à la vision fondue et unitaire, au *sfumato* atmosphérique, à la vibration lumineuse, au large dessin de Léonard. Si l'on pense à la date de cette œuvre, au passé que le peintre avait derrière lui, on voit clairement que celui-ci adopte une attitude nettement archaïsante, ou, ce qui n'est pas trop dire, réactionnaire. Et

La Mise au tombeau – 1500.

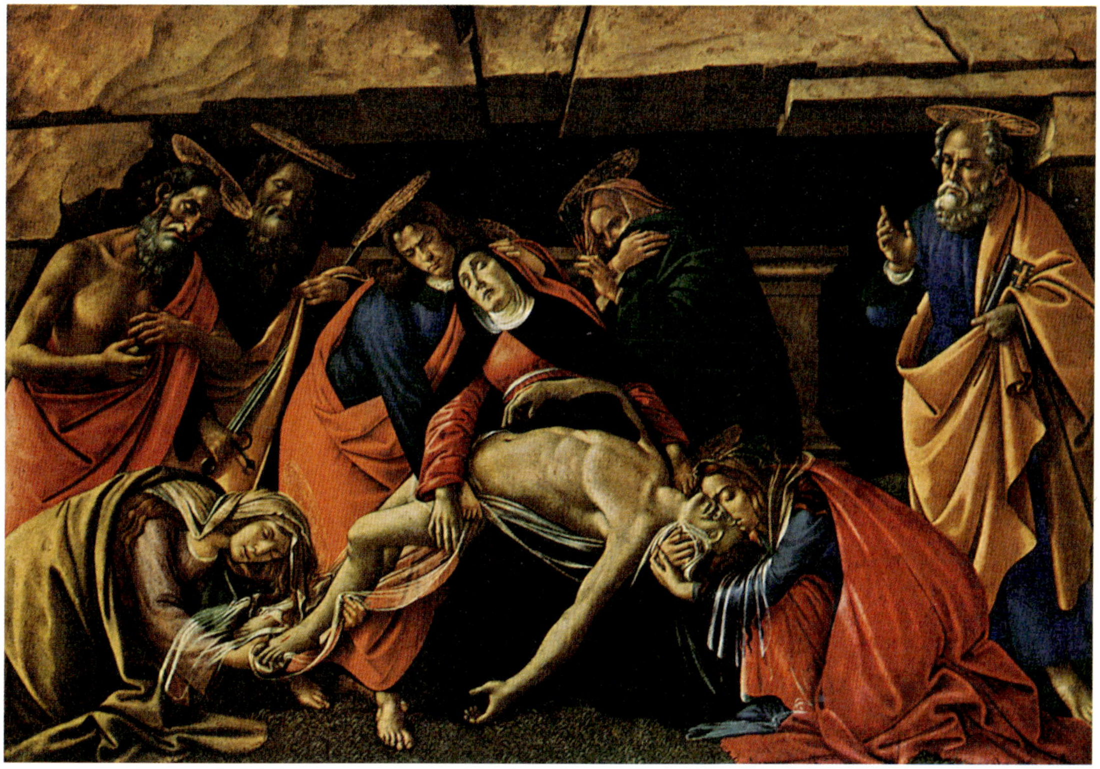

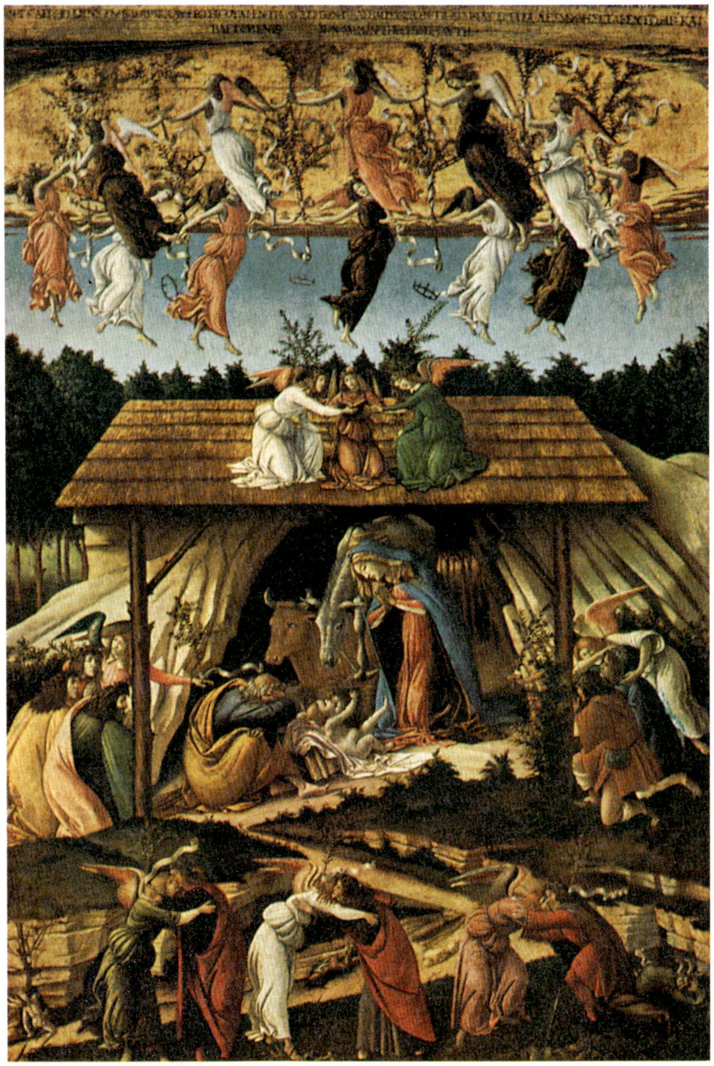

La Nativité – 1500.

pourtant, même dans cette attitude négative, qui refuse toute nouvelle découverte, il y a un aspect historiquement positif: c'est la certitude que les sentiments humains ne peuvent pas tous se réduire, comme le voulait Léonard, aux mouvements naturels, parce que souvent, l'essence profonde des sentiments n'est pas dans la nature mais dans la religion et la morale.

Nous sommes mal renseignés sur l'activité du peintre, activité qui ne fut certes pas très intense, au cours des dix premières années du Cinquecento, ces années qui virent se rencontrer à Florence les trois génies du siècle: Michel-Ange, Raphaël et Léonard. Mais le choix des thèmes et le style des œuvres de Botticelli de cette époque parlent clairement. Face à l'idéal du «monumental» qui s'affirmait toujours davantage, Botticelli se retire de plus en plus dans son «florentinisme».

Cette réaction du reste dicte au peintre des œuvres d'une rare qualité, comme les deux panneaux représentant les *Scènes de la vie de Virginia et Lucrezia Romana*. A la manie du grandiose, Botticelli semble substituer alors la manie du petit et du précieux. Par leurs architectures d'un classicisme imaginaire, ces tableaux opposent, de manière polémique, la notion de classique=civilisation à celle de classique=nature qui devait sembler au peintre une confusion absurde et arbitraire: ils sont là pour montrer qu'une valeur

Episodes de la vie de saint Zénobe – après 1500.

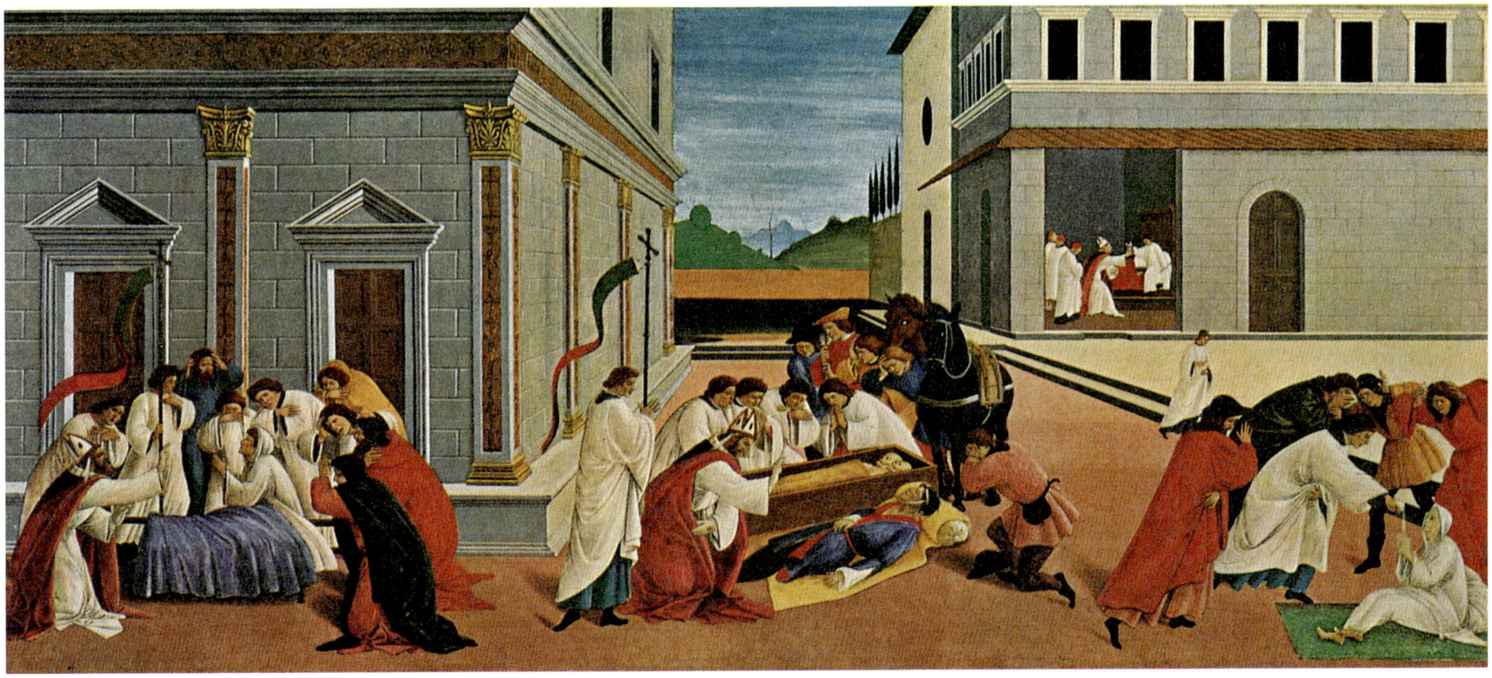

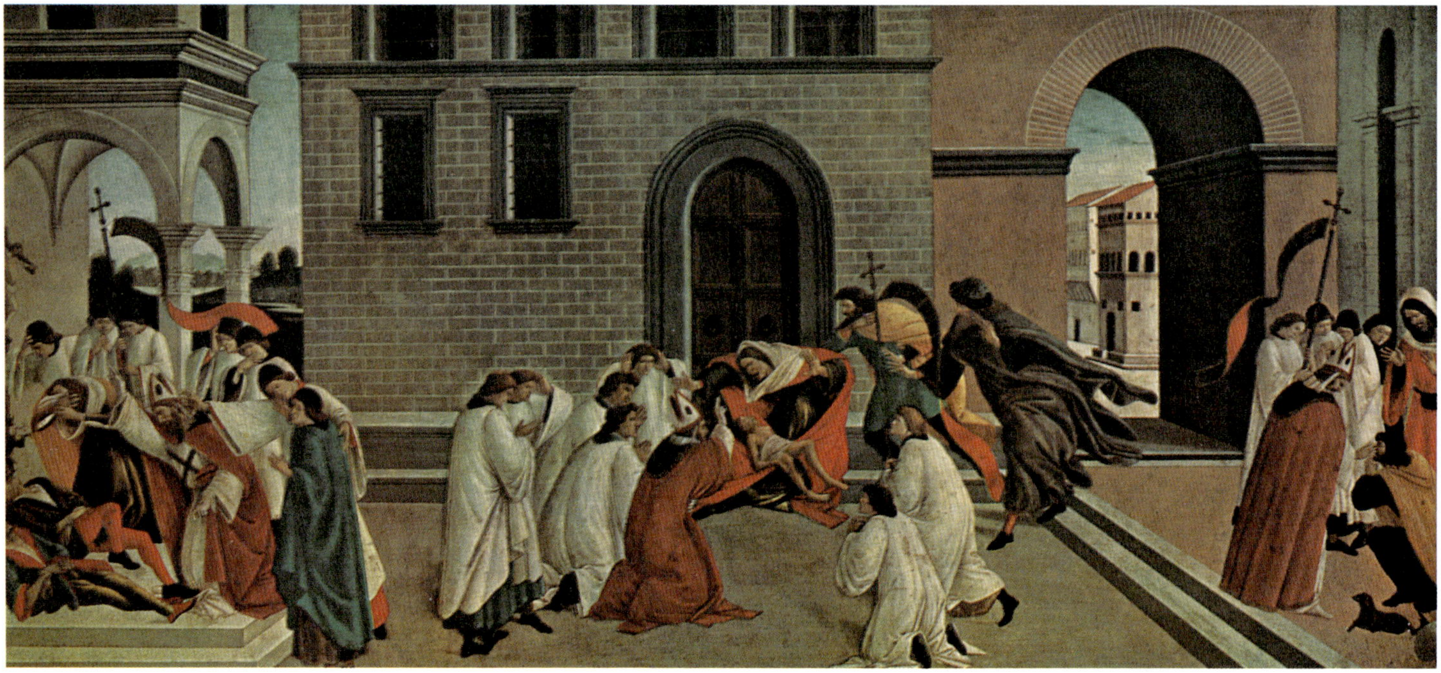

Episodes de la vie de saint Zénobe – après 1500.

hautement dramatique ne peut se développer que sur la trame des grandes idées. Leurs fonds architectoniques peuvent rappeler les perspectives à la Piero della Francesca ou, plus précisément, celles de l'armoire de Saint-Bernardin à Pérouse. Mais les quatre panneaux représentant les *Episodes de la vie de saint Zénobe*, qui constituent dans la peinture de Botticelli des chefs-d'œuvre sans pareil, nous font remonter plus en arrière encore et font penser aux architectures simples et polies des prédelles d'Angelico. Maintenant que Léonard parlait de perspective aérienne, faite de masses atmosphériques plus ou moins denses, Botticelli, lui, revient par opposition aux premières dispositions perspectives, aux premières règles dictées pour représenter les édifices *(casamenti)*, à l'ancienne conception des plans perspectifs en tant que distribution nette de couleurs pures. Pourtant, il est clair qu'il s'agit ici d'un néo-primitivisme, d'une sorte de purisme avant la lettre. La composition s'établit comme chez Angelico par groupes et par intervalles, et d'Angelico encore, on retrouve certaine rigidité de mouvements, certaine candeur édifiante du récit. Mais cette trame de récit se déchire d'un coup, traversée brusquement de notes damatiques, d'accents de tragédie, qu'Angelico n'avait jamais connus. Du reste, Angelico ne pouvait les connaître puisque pour lui le miracle était la manifestation naturelle de la Providence, l'action que celle-ci exerçait sur une nature qui était elle-même miracle et d'où la présence divine éliminait toute possibilité de drame. Pour Botticelli au contraire, la foi elle-même est drame et tragédie: la lutte sans trêve de l'esprit qui est lumière, transparence, tension, contre la matière, qui est opaque et inerte. C'est là peut-être le sens véritable des dernières méditations de Botticelli. La tragédie et le drame ne sont pas seulement dans l'histoire, ou dans l'âme des grands

Episodes de la vie de saint Zénobe, détail – après 1500.

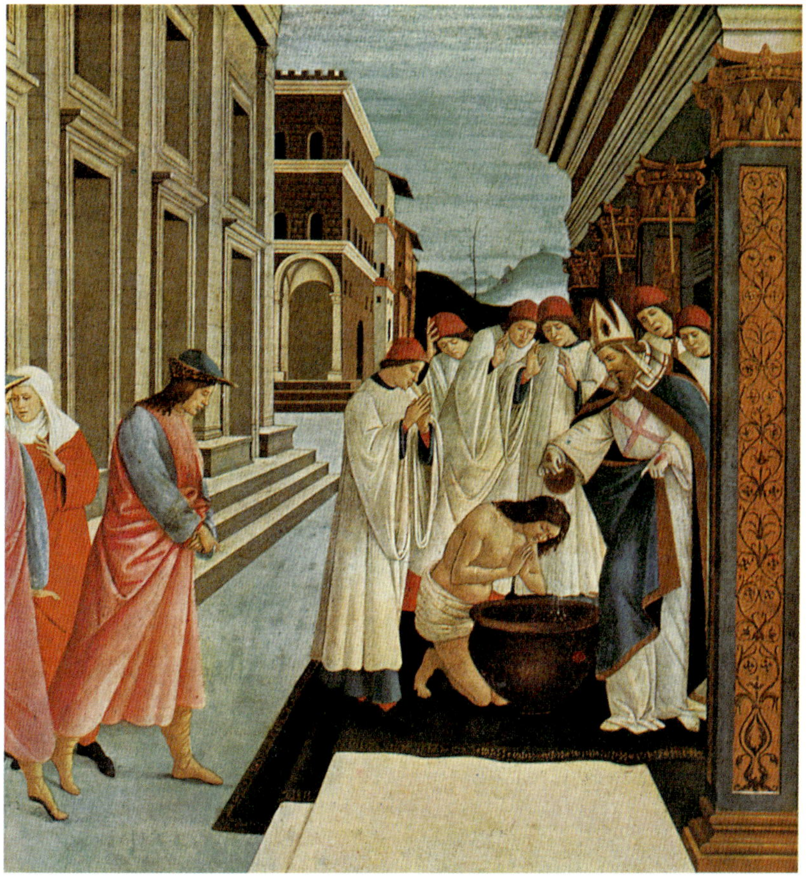

et des héros, mais aussi dans la foi des humbles, de tous ceux qui ont le cœur pur. C'est ce que peut-être avait démontré Savonarole, par sa mort. L'art de Botticelli ne sera donc pas seul à porter la pensée religieuse vers une spiritualité exaltée: toute une évolution se développe au cours du Quattrocento dans ce centre si fervent de vie religieuse que fut le couvent dominicain de Saint-Marc. Là, au commencement du siècle, avait prêché le bienheureux Dominici; là avait travaillé Angelico; là enfin mûrit et éclate la tragédie de Savonarole.

Saint Augustin – 1495.

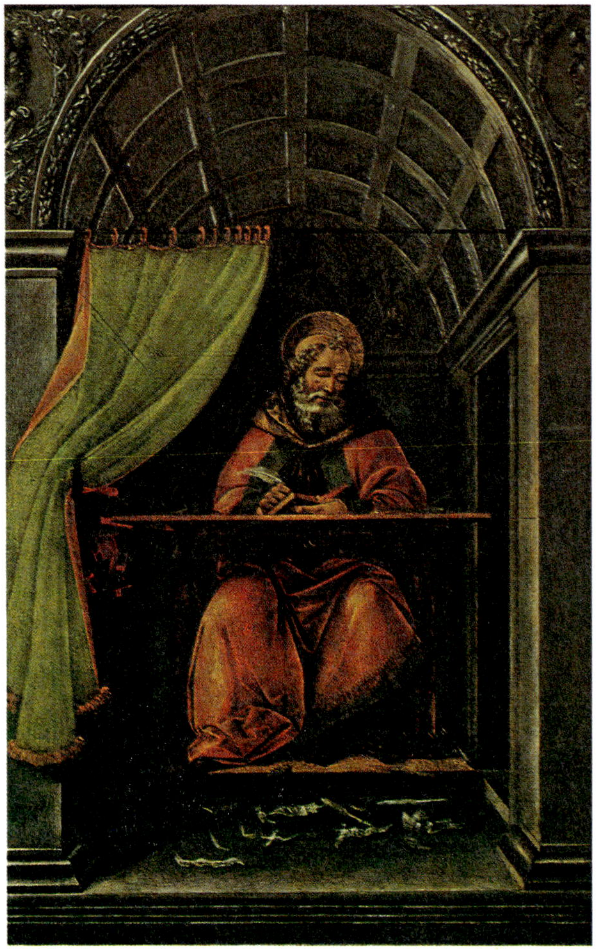

La tentative, que révèlent clairement les écrits de saint Antonin, de donner à la grande bourgeoisie florentine, à la cour des Médicis aussi, une sorte de structure religieuse que viendrait consolider l'accord politique de la Curie romaine, avait failli. A la fin du siècle, les religieux de Saint-Marc sont en lutte ouverte avec les Médicis et le pape. Voilà le drame qui s'annonce: le contraste entre une conception spirituelle et religieuse qui ne voit que le rapport direct entre l'homme et Dieu, et une autre conception «naturelle» qui veut embrasser dans son caractère universel l'espace et le temps, la nature et l'histoire.

D'ailleurs, ce n'est pas seulement pour glorifier la beauté des temps passés que Botticelli reprend, dans quelques-unes de ses œuvres tardives, les thèmes et la vision édifiante d'Angelico. Son non-naturalisme est en quelque sorte la suite nécessaire du naturalisme religieux d'Angelico; sa religiosité laïque, anxieuse recherche de Dieu, est la suite de la certitude religieuse de son aîné, et son esthétique néo-platonicienne, la suite de la conception thomiste du peintre de Saint-Marc. Ils ont tous deux, en vérité, un point commun qui les distingue des autres peintres du XVe siècle, dont l'art se tournait positivement vers la connaissance, vers l'expérience de la nature et de l'histoire. Ils possèdent en commun un but esthétique, un idéal de perfection dont l'art n'est pas seulement l'expression, mais la réalisation pratique et nécessaire. L'un et l'autre pensent que l'art n'est pas pure contemplation mais action et, comme tel, qu'il doit influencer l'action humaine non seulement par la représentation de faits exemplaires, mais par son action même, qui doit être exemplaire et qui est le propre de l'artiste. Ainsi, cette «manière» de faire permettra à celui-ci de dépasser les limites de la matière et des sens pour atteindre la parfaite communion avec l'Idée, qui n'est autre (ce sera à Michel-Ange de l'affirmer et de le démontrer) que le «beau» spirituel, opposé au «beau» naturel.

TABLE DES ILLUSTRATIONS

Sauf mention spéciale, les photos sont des documents d'archives.

BOTTICELLI Sandro (1445-1510):

CE VOLUME EST SORTI DES PRESSES DES
IRL IMPRIMERIES RÉUNIES LAUSANNE S.A.

IMPRIMÉ EN SUISSE